高效养育

特级教师精选的53个家教秘诀

（小学篇）

金新 —— 著

知识出版社
Knowledge Publishing House

图书在版编目（CIP）数据

高效养育．特级教师精选的 53 个家教秘诀：小学篇 / 金新著. -- 北京：知识出版社，2022.11

ISBN 978-7-5215-0578-8

Ⅰ. ①高… Ⅱ. ①金… Ⅲ. ①家庭教育—儿童教育 Ⅳ. ①G78

中国版本图书馆 CIP 数据核字（2022）第 180629 号

高效养育．特级教师精选的 53 个家教秘诀：小学篇　金新 著

出 版 人　刘祚臣

责任编辑　吴　泱

封面设计　末末美书

出版发行　知识出版社

地　　址　北京阜成门北大街 17 号　邮政编码：100037

电　　话　010-88390786

网　　址　http://www.ecph.com.cn

印　　刷　三河市嘉科万达彩色印刷有限公司

开　　本　880 毫米 ×1230 毫米　1/32

印　　张　10

字　　数　175 千字

版　　次　2022 年 11 月第 1 版

印　　次　2022 年 11 月第 1 次印刷

书　　号　ISBN 978-7-5215-0578-8

定　　价　49.80 元

序言

XUYAN

孩子的成长始终牵动着每一位家长的心，它不仅关系着家庭幸福，更关系着国民素质。父母是孩子的第一任老师，对孩子的启蒙发挥着关键的影响作用。虽然孩子一出生我们就立即升级为爸爸妈妈了，但其实我们还远非合格的父母，这就需要我们不断学习如何做好家长，如何与孩子共同成长。

孩子的成长是漫长的持续渐进的过程，需要家长遵循成长与教育的规律，持之以恒、潜移默化地对孩子加以呵护、影响、唤醒。孩子不像产品可以被任意加工，也不像植物可以被任意修剪，他们是有自我意识的能动的主体。随着孩子年龄的增长，孩子的主体意识就越强，改变就越困难。

幼儿期好比处于土壤开垦、整理和播撒种子的阶段，家长绝对不能有丝毫的功利心理，要以愉快地玩耍与交流作为载体，来发展孩子的身体、语言、心智和情感。任何强逼的、痛苦的知识学习、训练都是对幼儿身心极大的伤害，且都有可能留下终身的印记。

小学阶段是孩子基本观念、品行、习惯和兴趣形成的关键期，家长要特别注重苗头性问题、不良行为习惯、错误思想观念的纠正，这比文化知识学习要紧得多。随着年龄的增长，孩子的自主意识不断增强，说教开始失效，强制引来逆反，这时尊重就变得越发重要，只有富有情感的、艺术的、智慧的方法才能有效。所以，家长需要汇聚人格、情感、学术、榜样、集体等合力才能影响、推动中学生的健康发展。

初中阶段是家庭教育比较艰难的时期，也是孩子成长阶段最为重要的时期之一。初中阶段的孩子处于青春期，孩子的自我意识、独立意识会出现质的变化，不再愿意像“小孩子”一样服从，他们渴望独立，希望得到家长的尊重，获得平等的家庭地位……面对孩子青春期生理、心理变化的突然性、多样性、特殊性，家长需要细心、耐心地应对，掌握正确的教育方式。初中阶段是孩子三观的形成期，也是个人品行、习惯的定型期，这段孩子逐步走向成熟、完善，逐步走向独立的过程，离不开家长的引导和帮助。

可见，家庭教育既是一门科学，也是一门艺术，家长对家庭教育的学习研究越早越好。但实际情况是，很多家长对家庭教育存在严重误区，对子女教育十分困惑。面对与自己小时候截然不同的孩子，爸爸妈妈、爷爷奶奶、外公外婆都不知如何与孩子相处、怎样对孩子施教，而十分渴望得到现代家庭教育的理念和方法的指导。有鉴于此，“高效养育”系列图书诞生了。

本系列图书的编撰宗旨是：为每位孩子的终身发展，也为每个家庭的幸福生活奠基。本系列图书致力于学校教育和家庭教育的沟通和融合，共三册——幼儿篇、小学篇、初中篇。每一册所阐述的家庭教育理念和原则是一致的，但在侧重点和教育方法上又体现出不同年龄特点的要求。每册按照家庭教育的内容分篇，下设若干话题，每个话题皆以一个关键词为主题，以活生生的案例引出案例分析，提出应对方略，必要时有知识延伸。编写之前，作者曾在家长群体中开展家庭教育情况调查和案例征集，使该系列图书的内容更贴近家长的需求。

历时近一年的策划、编撰过程，倾注了胡治华、段海强、周元、钮伟国、史苏兰、乔炜、周宏燕诸位老师的心血，图书的科学性和针对性有效提高。在此一并致以深深的敬意和感谢！

希望广大家长能从这套书中受到启迪，成为合格家长、优秀家长。

目录

MULU

成长节点篇

为适应小学生活做准备——幼小衔接…… 003
我不想上学了——入学适应…… 008
文文怎么会落后——中年级…… 014
不许出去玩——高年级…… 019
为什么不尊重我的想法——小升初…… 025

品性修养篇

当孩子说谎时——诚信…… 031
别人家的小孩儿——自信…… 037
思思的压岁钱——善良…… 041
我该谢谢您——感恩…… 045
微笑每一天——快乐…… 051
孩子的事该谁做——责任心…… 057
做一个有教养的人——文明有礼…… 062
别让孩子大手大脚地花钱——节约…… 067

学习指导篇

让孩子独立完成作业——自主学习…………………… 075
玩耍也是一种学习——寓教于乐…………………… 080
我的女儿太粗心——专注、细心 …………………… 085
大有裨益的错题本——归纳错题…………………… 092
引导孩子学会听——倾听训练…………………… 097
孩子怕写作文怎么办——写作训练…………………… 103
让孩子爱上阅读——阅读习惯…………………… 109
打开“闷葫芦”——口头表达 …………………… 114
怎样让孩子自觉学习——自觉性…………………… 120
做时间的管理者——管理时间…………………… 125

兴趣特长篇

培养广泛兴趣的秘诀——熏陶、鼓励 …………………… 133
姚姚想学架子鼓——发现兴趣…………………… 139
这琴还要学下去吗——扶与放…………………… 144
我的舞台我做主——尊重选择…………………… 149

身心健康篇

生活有规律，健康有保证——作息规律 …………………… 157
为啥孩子吃饭成了“老大难”问题——合理膳食 ………… 163
我出汗，我快乐——体育锻炼 ……………………………… 170
在课余生活中快乐成长——课余生活……………………… 175
给这小姑娘点一万个赞——自护自救……………………… 181
当焦虑症遇上青春期——青春期特征……………………… 187
网络的诱惑——健康上网…………………………………… 194

合作交往篇

害羞的骏骏——勇于交往…………………………………… 203
野蛮小女蜕变记——情绪管理……………………………… 208
珍惜伙伴情——分享………………………………………… 214
球拍被踩断了——宽容……………………………………… 219
由伤害事故引发的思考——勇于担当……………………… 223

亲子交流篇

怎么又没满95——耐心陪伴 …… 231
亲子沟通从接纳开始——接纳 …… 236
做孩子忠实的听众——倾听诉说 …… 241
打开孩子心灵之门的钥匙——平等交流 …… 247
读懂孩子这本书——理解 …… 254
做孩子心中的那盏明灯——引领 …… 259
你的美好始于我的放手——放手 …… 266
一支笔引出的教育智慧——过错应对 …… 272
自立，从自理开始——自理能力 …… 277
其身正，不令而行——以身作则 …… 282

家校共育篇

两股力量拧成一股劲——家校共育 …… 291
孩子，让我们一起来帮助你——家校沟通 …… 296
当孩子受到老师批评时——合力纠错 …… 301
维护教师的美好形象——教师的威信 …… 306

— 成长节点篇 —

关键词 幼小衔接

为适应小学生活做准备

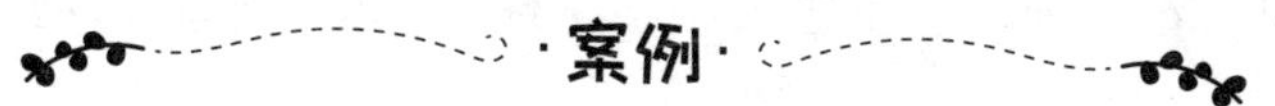

·案例·

暑假里爷爷奶奶时常念叨:“诺诺要上一年级了，不知道能不能适应。”早晨起床，诺诺照例是由奶奶帮着穿衣、洗脸、喂早餐。妈妈说这些事情可以让诺诺自己做，诺诺却依旧喜欢要奶奶帮忙。

白天在家，诺诺一会儿玩玩具，一会儿吃零食，对妈妈买回家的一大堆图书，都是翻一翻就丢下了。午睡起床之后，诺诺又打开电视机，美其名曰“动画片时间”，电视一看就是一个下午，任凭爷爷怎么哄骗都不愿意放下手中的遥控器。晚餐前，妈妈请诺诺帮忙一起端碗拿筷，诺诺噘起小嘴，非常不乐意。

入夜，妈妈着急地和爸爸探讨，诺诺能适应小学生活吗?

·案例分析·

诺诺妈妈着急是难免的。孩子即将开始小学生活，但在暑假中仍未做好充分的心理准备，生活习惯和学习习惯的培养也出现了一些问题。孩子自理能力差，依赖性强，穿衣、吃饭事事离不开大人，更别提帮助长辈做一些力所能及的家务了。面对阅读，她还不能静下心来，只是喜欢玩玩具、看电视。在这种状态下进入小学，孩子很难适应正规的学习生活。

家长应该重视幼儿园过渡到小学的这个环节，从幼儿园大班开始，就需要逐步做好幼小衔接的准备工作，有计划地锻炼孩子的独立生活能力，培养良好的生活和学习习惯，帮助孩子做好入学的心理准备、能力准备和物质准备。

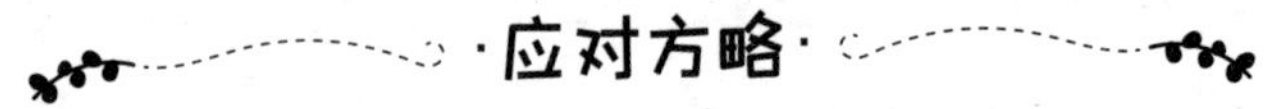

·应对方略·

在家里，幼儿的衣食住行几乎都由父母等长辈细心照顾，孩子的生活自理能力、学习能力和处理问题的能力都较弱。家长可以从以下方面入手，培养孩子入学必须具有的意识和能力。

一、建立良好的生活常规

小学一节课是40分钟，比幼儿园的课时长。初入小学的新生会觉得学习时间太长，坚持不了。在幼升小的暑假里，家长要培养孩子早睡早起的习惯，逐步缩短与小学作息制度的差距；让孩子按时作息，不能任由孩子无节制地玩耍、吃喝。在开学前半个月，一定要做好两方面的训练：一是“早起”，按照小学的作息时间，设定提前量，确定每日起床时间；二是“收心”，不再外出旅游，限定孩子看电视、玩游戏的时间。

二、培养孩子的独立意识

告诉孩子，小学不像幼儿园有生活老师照料生活，上小学后，生活、学习不能完全依靠父母和老师，遇到问题和困难要自己想办法解决，还要学会与同学们友好相处。

三、培养孩子的生活自理能力

小学低年级的孩子应具有以下自理能力：

（1）自己能做的事自己做，会削铅笔、整理书包，文具用品不乱丢，放在固定的地方。

（2）学会做一些自我服务性的事，会洗脸、洗脚、洗澡、剪指甲，熟练地穿脱衣裤鞋袜。

（3）学会做简单的家务劳动，如端饭、洗碗、扫地、洗简单的衣物（如红领巾、袜子）。

家长在了解以上内容后，可以根据孩子的具体表现，对其进行训练，特别注重培养孩子学习方面的动手操作能力。如爱护和保管自己的学习用品，不丢三落四，不乱涂乱画；会按老师布置的学习任务准备好第二天需要的材料，独立整理好书包。

四、培养孩子服务性劳动的能力

通过幼儿园的课程学习，孩子已经会做一些力所能及的事了，具有一些简单的劳动技能。一年级的孩子还需要学会做值日，比如开关门窗、擦桌椅、扫地等。

五、培养孩子的规则意识和任务意识

让孩子知道：小学要求严格，上课、考试、做操、升旗等都有纪律，必须遵守；站、坐、走、跑，举手、敬礼等都有规定的姿势，必须学会；学生要有纪律性和时间观念，不能懒散。

老师每天会布置作业、任务给学生，家长要指导孩子如何记住作业、任务，转述学校要求，并认真完成。

六、做好学习文化知识的准备

可以通过增加阅读和听故事的时间，培养孩子静下心来学习的习惯，这是最好的学习准备。有些家长怕孩子学语文、数学有困难，或者为了使孩子“赢在起跑线上”，就借来一年级课本提前教，这种做法并不妥当。有些新生报到时，已能基本通读第一册语文课本，于是认为自己都会了，上课时不专心，养成不认真听讲的坏习惯，以后较难纠正。

低幼衔接应是平滑曲线，家长要和学校、老师密切配合，做好孩子入学前的各种必要准备，让孩子顺利、愉快地进入小学。

关键词 入学适应

我不想上学了

·案例·

丁丁在幼儿园表现很好，深受老师和小朋友欢迎，一上大班就热切盼望上小学。但上小学的第一天放学回家后，他就萎靡不振了，因为课间上厕所后他找不到回教室的路，上课迟到，被老师批评了。

第二天上语文课时，丁丁积极举手，却回答错误，引得同学们哄笑起来。于是他回家大哭大闹，摔打玩具，喊道："我再也不去上学了！"

东东刚入学时很高兴，觉得什么都新鲜，但才过了一个星期就不想上学了，哭着要回幼儿园去。他抱怨小学没有午睡，不吃点心，上课太多，时间太长，课间休息时间短，游戏活动少，拼音测验成绩又不太好……

·案例分析·

告别熟悉的幼儿园，进入完全陌生的小学，开始正式的学习生活，对6周岁的儿童而言，无异于攀登人生道路上的一座高峰。小学的性质、活动内容、学习方式、作息制度、行为准则、环境布置，以及教师形象等，都与幼儿园大不相同。幼儿园里没有的课程、作业、测验、考试和分数、评比会给一些适应能力较差的新生带来心理压力，让他们害怕上学。反映在生理上，有些孩子可能感到眼睛胀、颈项和手腕酸，睡眠不足，肚子饿，或食欲不振。这些身心状况被称为“入学适应不良”。据联合国教科文组织的一项调查，有40%的小学生入学后有学习不适应和社会适应性严重不足的问题。

丁丁是因为在幼儿园屡受表扬，上小学第一天就受到批评，落差太大，挫折感太强，因而产生了抗拒心理。家长没有考虑到孩子在一片赞扬声中长大，会缺乏抗挫力。东东则是不习惯小学的生活、学习安排，家长没有提前做好与小学作息制度接轨的训练，帮助孩子做好入学的心理准备和生活准备。

孩子采取退缩或攻击行为来对抗入学适应不良的挫折，家长对此不要表现出着急、同情，不能迁就他几天不上学，更不能去学校指责老师和同学。对孩子的不良行为不去过分关注，这种行为就会慢慢消退。等孩子平静后，让他回忆刚进幼儿园时有过哪些不适应，是怎么解决的，用成功的经验来鼓励他摆脱目前的困境，适应小学生活。

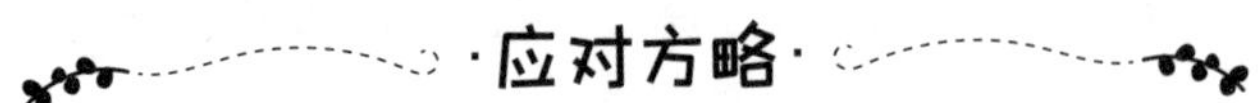

应对方略

一、及时判断孩子是否入学适应不良

孩子产生入学适应不良的原因主要是：孩子自幼生活在顺境中，很少有挫折的体验、感受和意识；入学后发生的事情导致孩子自尊心、自信心受挫；家长用“你不听话，我叫老师收拾你”等话吓唬威胁孩子，导致孩子产生“学校恐惧症”。

家长可从以下三方面判断孩子的入学适应状况：

（1）学业方面：学习成绩是否达到符合自己能力的水准。

（2）行为方面：能否遵守学校的规章制度。

（3）人际关系和人格方面：是否友爱合群、与老师同学和睦相处。

家长要根据孩子的具体情况和原因，帮助孩子消除入学适应不良症状。一般而言，入学一两个月之内，孩子都会逐渐适应的。

二、预防和消除孩子入学适应不良的措施

1. 让孩子做好面对差异的心理准备

家长要提前告诉孩子，入学后可能会有哪些不适应，应该怎样积极面对、承受挫折。让孩子知道：与幼儿园相比，小学要求更严格，“规矩”更多，必须遵守；很多事没做过，必须学会；小学里，老师同学都是新的，会觉得陌生，但慢慢会熟悉的；小朋友来接近你，要高兴地接受，最好能主动接近同学，结交新朋友；在学习中一定有人比你更棒，不要不服气、不开心，自己努力，向他学习，赶上他就是了；自己做得不够好，被老师批评，接受、改正了，就是好学生，不必泄气、难过。

2. 引导孩子爱学习、会学习

学前教育实行保教结合，以游戏为主，少有学习负担。小学以课堂教学为主，有了紧张的学习任务。家长要帮助孩子形成正确的学习态度和习惯，以适应小学的学习。

幼儿入学前向往上小学，并不代表有渴望知识、追求理想的自觉。家长要通俗易懂地给孩子说明为什么要上学、学习有什么用，更要用生动活泼的方式引发孩子对学习的兴趣。可以和孩子一起翻阅课本，发出赞叹：“哇，这课本真漂亮，你们学的内容真有趣！”放学后，让孩子说说今天又学到了什么新知识。对于孩子提出的问题，家长要耐心解答，有些

可以留下悬念，使孩子体验进步和探索的快乐。

孩子刚上学时不知道该怎样完成作业，家长应给予方法指导，而不是代做，让孩子从一开始就明确自己必须按时独立完成作业。家长不要过分纠结于分数，向孩子表明态度：你能考出好成绩当然好，稍差一点也没关系，只要尽力就好。

良好的学习习惯必须从一入学就开始培养。孩子放学回来，先休息一下，解决吃喝拉撒问题，然后做作业。入学之初没有书面作业，家长要督促孩子完成口头作业。有书面作业以后，规定 20 ~ 40 分钟的作业时间，要求孩子在此期间不能吃喝、走动、大小便、看电视、打游戏、玩弄铅笔等，专心写作业。如果一开始没有养成好习惯，以后再要改正注意力分散、作业拖拉等坏毛病就很困难了。

可以让孩子通过做手工、拼图、下棋等活动，培养安心静坐、专心做事的习惯。要求孩子做事有始有终，能排除外界干扰，想办法克服困难，达到预设的目标，不成功或不如意时不乱发脾气。习惯养成需要反复训练，家长要有耐心、恒心，坚持不懈。

如果孩子多动难以遏制、情绪波动剧烈，或者心手眼协调能力特别差，可以让孩子参加心理培训，严重者应去相关医疗机构诊治。

入学新生处在人生发展的一个关键期——从学前期过渡

到学龄早期。家长在搀扶孩子登上人生第一座高峰的同时，自己也要提升到新的高度，具有更强的责任感、更科学的期望值和评价指标。

关键词 中年级

文文怎么会落后

文文的父母对她的期望很高，要求很严。自入学以来，文文的作业都是由妈妈检查的，出现错误也由妈妈讲解并帮助纠正。因此文文每次交给老师的作业都是工工整整、无一错误，并常常受到表扬。

升入三年级后，文文却一下子不适应了，一旦妈妈不陪伴在旁，她的作业质量就会大大降低，不是丢三落四，就是错误百出。

“妈妈，这道题我不会，你给我讲一下吧！”

“妈妈，这个字我忘了，能写拼音吗？”

“妈妈，我做的这道题对吗？”

……

文文的成绩跌落到了中等偏下，这下妈妈慌了神。家庭辅导越来越不见效果，于是文文的父母接连给她报了语文、数学补习班，这个班不行就另换一个，但成绩还是只有八十几分，甚至还出现了七十几分。

更糟糕的是，文文的行为习惯也出现逆转：她开始撒谎，变得任性、固执，还总是嫌妈妈太唠叨。妈妈不知道是自己的教育方式出了差错，还是孩子确实不争气。

·案例分析·

文文妈妈无疑是个尽心尽责的家长，但是，她的陪读、帮做却影响了孩子养成独立、主动学习的习惯。进入小学中年级，学习难度增加，那些学习习惯不好的孩子会开始明显落后。家长应关注、反思孩子学习成绩背后的问题，“对症下药”。

小学中年级又是孩子个性品德发展的关键时期，家长不能只关注孩子的学习，忽略了孩子品德、性格的养成。

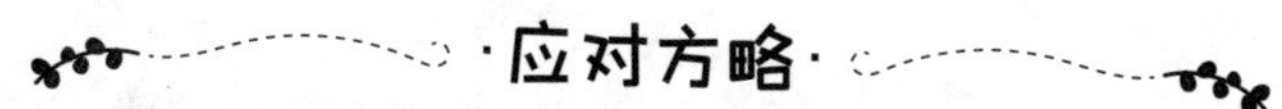

·应对方略·

一、根据孩子的心理特征进行指导

小学中年级是孩子自我意识发展的关键期，他们开始有独立性，什么事情都想尝试，不愿听家长的话。他们的思想从单纯走向复杂，开始有了自己的意向和打算，又似懂非懂，辨别能力弱，经常会犯错。文文变得任性、固执，就是这种情况。对此，家长应该经常给孩子一些诚恳、具体的指导和告诫，同时大人们说话的口径必须一致。

这个时期，孩子的自尊心逐渐增强，知道难为情，怕丢面子；开始懂得趋利避害，有意识地回避对自己不利的问题，有些孩子甚至学会欺骗作假，说的和做的不一致；学会了寻找理由替自己辩护；知道选择语言，表达不同的意思，有时隐瞒真实的情况。孩子说谎，往往是过去偶尔说假话时家长没有及时纠正所带来的后果。对此，家长不能只听孩子的一面之词，要听多方面的反映和意见，然后对孩子的说法做出判断，帮助孩子对错误或失败进行反思，并告诉孩子：不敢承认自己错误的人是世界上最不勇敢的人。

小学中年级是孩子塑造性格的重要时期，家长要用孩子能接受的方式，帮他改变不良习惯，选择正当的行为方式，培养良好品德。

二、帮助孩子逐步达到小学中年级的学习要求

家长也需要了解小学中年级学习的特点。

进入三年级，孩子的学习压力相当明显，因为授课量加大，家庭作业增多。运用乘法口诀计算是一个难关，数学教材中还增加了一些过去小学高年级的学习内容，需要有一定的判

断和推理能力。语文学习需要记忆、背诵大量的汉字和诗词。有的孩子对教学的速度、难度以及思维方式的改变（从形象思维向抽象思维转变）等一时适应不了，成绩下滑。家长应给孩子安慰和鼓励，帮助其查找原因，并给予具体帮助，使之树立信心、增强勇气。案例中的文文一直依赖母亲，到了中年级就会更感觉到学习上的困难。对此，家长首先要教给孩子正确的学习方式，孩子做作业遇到困难时，家长应鼓励他自己寻找解决问题的办法，不要马上求助他人或坐等老师次日讲解。

四年级的作业量会继续加大。数学中的四则运算、应用题的分析理解等，与实际生活联系更多了。语文教学注重记忆与阅读的结合，要求掌握较多的阅读知识，学会运用参考书，检索查阅图书资料。老师对学生不再像对待小孩儿一样了，许多事情都要靠学生自己的努力去解决。

尽管会遇到很多困难，但孩子们都有天天向上的愿望。如果家长鼓励孩子坚持自己的志向，孩子就会充分发挥自身的潜力，努力不让父母失望；如果家长用生动的言语激励孩子，孩子就会受到鼓舞，获得动力，并克服困难，努力学习。当发现孩子的点滴进步时，家长应对他的努力和进步送去具体实在的赞赏，如："这道题比昨天的难多了，可你却独立地把它做对了，真会动脑筋！"

为帮助孩子克服学习困难，达到小学中年级的学习要求，家长可以从学习兴趣的激发、学习方法的指导两方面入手：

1. 激发孩子的学习兴趣

有意识地引导孩子观察身边人物、社会现象、自然生物和地貌山河等景观，写出自己的体会，提高观察思考能力，培养观察的兴趣和习惯；指导孩子进行简单的小实验，培养动手能力。鼓励和支持孩子积极参加校内外的各项活动，尤其是创造性活动；带领孩子到博物馆、生态园、气象台、科技展览馆等有科学价值的地方去参观，激发和培养孩子对科学的兴趣以及想象力、创造力。

2. 帮助孩子掌握科学的学习方法

家长要和孩子一起制订切合实际的学习计划，提供一两种最优化的学习方法，以提高学习效率。例如：教给孩子科学记忆的方法；督促孩子做好课前预习，明确新课的重点、难点；建立个人“错题库”，将作业中典型的错误记录下来，分析产生错误的原因,采取适当措施予以补救。孩子有疑问时，家长不要马上把答案告诉他,而要启发他自己思考、解决问题。孩子实在想不出来时，家长再与其一起讨论，但绝不要代做。

对孩子品行与学习的指导教育，还特别需要家长的示范，为孩子做好榜样。要让孩子安心学习，家长首先自己要安静下来，可以在一旁看看书报。千万不能只教育孩子不断进步，自己却不思进取。

关键词 高年级

不许出去玩

小琪放学回家时神情沮丧，对着一张试卷喃喃自嘲：“唉，可怜的 87 分！‘暴风雨’又要来临了！”

妈妈迫不及待地问：“是语文第四单元检测吧？得了几分？”说着一把抢过试卷，脸色突变，“才 87 分？上个单元还 90 分呢，怎么退步了？”

小琪嗫嚅道：“老师说，这次的单元卷有些难度的……”

妈妈打断儿子的话：“为什么别人能考九十几分，你就不能啊？”

小琪胆怯地说：“我天生就比人家差嘛……”

妈妈愤怒地用手指戳着小琪的脑袋：“你自己考得不好，还怪我给你遗传得不好？我都要被你气死了！”

爸爸闻声赶来：“这是怎么了？”

妈妈气急败坏地挥舞着试卷吼道:“看看你儿子的成绩!考得不好还赖我!咱俩累死累活挣钱供他读书,他就拿这样的成绩来回报我们!要是毕业考还是这种成绩,怎么能进好中学?我们是指望不上他了!”

爸爸也火了:“以后双休日不许出去玩,在家好好温习功课!”

小琪着急了:“爸爸,怎么能这样呢?”

爸爸斩钉截铁地说:“为什么不能?就这样!”

下个星期天,妈妈叫小琪去外婆家,给外婆祝寿。

小琪面无表情地回应:“不去,你们不是让我待在家里不许出去吗?”

爸爸妈妈对视了一眼:“今天情况特殊,快走吧!”

小琪发倔:“今天我就待在家里,哪儿也不去!”

自从上次训斥后,小琪像变了个人似的:最爱的象棋,不下了;父母想和他交谈,他闭口不语。

爸爸妈妈着急了。

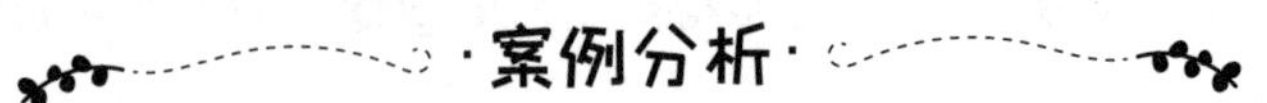

案例分析

小学高年级的孩子面对毕业和升学,压力和迷茫并存。他们没有社会经验和成熟的思想,容易短时间失去自信,这是面临进入青春期的心理恐慌。

小琪的考试成绩没达到妈妈的要求，本已沮丧、担心；患有“教育焦虑症”的父母不但未加抚慰，而且予以连珠炮般的责骂、不近情理的限制，终于逼得小琪逆反大爆发。家长的过高要求、急躁情绪，以及违背孩子意愿的限制行为，可能导致孩子的心理失衡，甚至心理障碍。案例中的亲子冲突就是这种情况。

如果小琪的父母了解小学高年级孩子的特点，采取孩子能接受的方式，和他一起分析测验的得失，结果可能就完全不一样了。

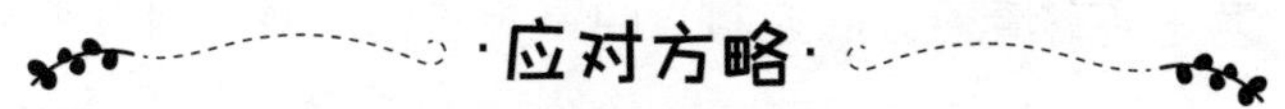

一、了解小学高年级孩子的心理特征

小学高年级的孩子已形成较稳定的性格，但兼具儿童和少年的特点。他们对事物的认识，除了注意事物外表的形式之外，更注意对事物的分析和主观体会，对很多问题都可以做出自己的解答。不接受家长意见时，他们会提出各种理由，坚持己见不服输，家长往往说服不了孩子。

由于处于青春初期，他们感觉到自己是个独立的人，为表现独立性，会故意和大人唱反调。父母越是强求孩子绝对服从，他就越是逆反，双方进入“战争状态”。父母只有面对并接受，允许孩子说“不”，不因孩子不听话而愤怒并责骂。当然也不能让他习惯于对什么都说“不”，要帮助他尽快成熟懂事、分清是非，知道什么时候该说“不”，什么时候该说“是”。直到他成熟，有了亲身体验，自然会认同、承认社会的行为准则、是非标准。

二、反思自己的教育行为

父母在教养方式上有两个重要的行为维度，即情感：接受／拒绝；控制：限制／允许。这两个维度在不同程度上的结合，表现为不同的教养方式，并直接影响儿童的发展。

溺爱（高情感、低控制）的家长对孩子百依百顺而无所要求，易使孩子任性、利己、缺乏独立性、情绪不稳定、不合群。

过于专制（低情感、高控制）的家长易使孩子形成怯懦、盲从、消极、不诚实、缺乏自信和自尊的性格特征，或走向另一个极端：叛逆、顽固、冷酷。

过分保护（高情感、高控制）的家长易使孩子形成依赖、被动、胆怯、不善与人交往等特点。

冷漠放任（低情感、低控制）的家长易使孩子不守规则、为所欲为，极易走上犯罪道路。

父母双方若教养方式不一致，易使孩子形成两面派、好说谎等特点。

只有民主（适度的控制、适度的爱）的家长才能培养出独立、大胆、快乐、善于社交、能与人协作、有安全感、有毅力的孩子。

家长应经常反思、检查自己对孩子的教养方式，学习采用“适度的控制和适度的爱”这种最理想的教养方式。对于逆反心理强的小学高年级孩子，教育方式得当尤其重要。

三、恰当的学习要求

不可否认，升初中是小学高年级面临的头等大事。家长、老师和学生都把学习成绩看成最重要的事情。孩子承受着学校里繁重的作业、频繁的测验，面对同学间差距的拉大、竞争的激烈化，感受到自身的水平与家长的高期望值不符，这种压力是成人难以体会到的。

适度的压力可以促使孩子努力，在一定程度上提高学习成绩，但过重的压力会使孩子有一种不堪忍受的窒息感，反而引起孩子对学习的反感、恐惧和抵触，既严重影响学习的效率和成绩，也会影响孩子的身心健康发展。

在家庭中，孩子需要的是关心和爱护，家长要做的不是加压，而是适度减压。家长既要督促孩子认真学习、系统复习，又要保证其劳逸结合、放松心态。应该合理安排一些孩子感兴趣的活动，让他们舒缓压力、放松身心。家长更要把期望值调整到适度水平，不让孩子因要求太高、困难太多而失去信心。如果在家庭中孩子感受到的也是巨大的压力，就会产生无助感或抑郁、焦虑倾向。

家长还要注意，这时的孩子是极其敏感的。如果家长习惯于使用“你比猪还笨！”“你比某某差远了！”“我怎么生出你这样没出息的孩子？”等侮辱性的言语责骂孩子，打击孩子的自尊心、自信心，孩子就没有积极性去完成学业，并可能导致孩子性格扭曲。

关键词 小升初

为什么不尊重我的想法

·案例·

在爸爸妈妈眼里，女儿小慧文静懂事，啥事儿都听大人的。六年级第二学期，眼看着小升初临近了，爸爸妈妈私下商量，想送女儿去读寄宿学校，令他们没想到的是，女儿竟然行使了人生第一次自主权。

小慧："为什么要送我去寄宿学校？你们没征求我的意见，我不想去！"

爸爸："你表姐在那里寄宿，不是很开心吗？还省得你每天早起赶路，晚自习又有老师辅导，多好呀！爸爸妈妈都帮你想好了。"

小慧："我就是不去！我不要你们帮我想。"

妈妈："你到底为什么不想去呢？"

小慧："那里没有我认识的朋友，我想和同学们一起直升。"

爸爸:“直升有什么好的！那所学校是最好的，我们很多同事的孩子都去了，你去了，爸爸妈妈面子上也有光啊！”

小慧哭着说:“你们为什么不尊重我的想法？为什么我上学是为了你们的面子？”

妈妈:“我们都是为你好啊！你一向很听话的，这回是怎么了？”

为此，小慧和爸妈僵持了好几天，爸爸妈妈不知如何选择。

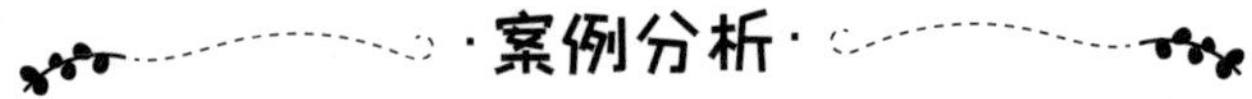

·案例分析·

在这个案例中，家长忽略了两点：

一是忽略了孩子的成长需要。有很多孩子跟小慧一样，听话、乖巧、懂事，但是他们的自我意识越来越强烈，成长的愿望促使他们想要为自己做主。这个时候，孩子需要的是与家长的平等对话，而不是“被安排”。

二是忽略了择校的重要标准。择校，不应该是为面子、随大流，而是首先要考虑是否适合孩子。把孩子就读名校看得如同在高档饭店办宴席一般，觉得有面子，其出发点就错了。小慧生性文静内向，可能适应新环境的能力不强，有向来熟悉的伙伴一起学习无疑能帮她缓解压力，增强自信，有利于她适应初中的学习。

·应对方略·

一、适合的才是最好的

初中是孩子全面发展的重要时期，家长都想为孩子选择一个学习氛围好、师资力量强、学习同伴优秀的学校，这个想法并没有错。但家长在帮助孩子选择学校时，有一个问题一定要考虑清楚，到底是选择“最好的学校”，还是“最适合的学校”？毫无疑问，家长应该帮孩子挑选最适合的学校，理由有二。

1. 最好的学校未必适合每个孩子

不同的孩子肯定适合不同风格的学校。每个孩子的学习风格、个性特点、兴趣爱好都有很大的差异，帮孩子选择学校，就是帮孩子选择发展的跑道，选择正确与否，直接关系到能不能发挥孩子的优势，让他们的特长得到充分的关注和培养。

2. 学校与家的距离这个因素还是很重要的

在初中以及以后的学习过程中，课业负担会比小学大得多，如果因为路途远，早起晚归，来回花在路上的时间很长，那么既浪费时间，也影响孩子的学习精力。所以，名校当然好，但是如果离家很远，可能就不如选择一个离家较近的学校，把路上的时间省下来，对孩子的学习会有很大的帮助。

二、以长跑的心态参与竞争

小升初仅仅是孩子学习的一个阶段，初中是否是名校并不能完全决定孩子以后的学习结果。所以家长要能看长远些，不必一味追逐名校。

现在老是说“不能让孩子输在起跑线上”，这种观点其实是有失偏颇的，因为教育是一种长跑，需要孩子们储存好能量，然后慢慢地释放出来。甚至有些家长把选择了名校看作赢得了起跑权，就更不妥当。把孩子送入教学难度大、进度快的学校，孩子很有可能适应不了，勉强跟上去，也往往导致孩子后劲不足。相反，让孩子在适合他的环境和氛围的学校中学习，关注他的学习习惯和学习能力的培养，会使他有足够的信心去应对初中更激烈的竞争，并最终在学业上取得好的成绩。

三、尊重孩子的意愿

作为家长，你应该亲自带孩子去看看学校的环境，听听孩子的想法。处于这一阶段的孩子，已开始有自己的主见和想法,他们既想得到家长的指导,又想得到家长的尊重。所以，家长和孩子在择校问题上要以互相尊重为前提，家长切不可凭着自己的权威，独断专行，伤害了孩子的学习积极性。

— 品性修养篇 —

关键词 诚信

当孩子说谎时

·案例·

小昆摔碎了一辆新的玩具小卡车，怕被责骂，就把碎片都藏在桌子底下。父亲发现了，很生气，把他叫来问话。

父亲："你的新卡车呢？"

小昆："我不知道它在哪儿。"

父亲："去找出来！"

小昆："可能被偷了。"

父亲："该死，明明是你搞坏了，还要说谎！"

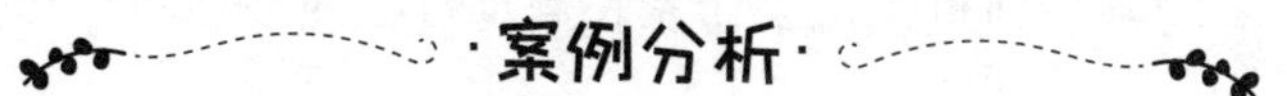

·案例分析·

这是没有必要的责骂。如果父亲说"我看到你的新卡车坏了，你很喜欢它的，可惜它经不起重摔"，效果会好得多，孩子会因此获得有价值的教训：爸爸能够理解我、原谅我，我可以告诉他我闯的祸；我必须更好地保管东西，对玩具要小心爱护。但这位父亲用审问的口气盘问儿子，激发了孩子防御性的撒谎行为；父亲把儿子定性为该死的、说谎的孩子，侮辱孩子的人格，在孩子内心深处引发的负面效应可能极为严重。

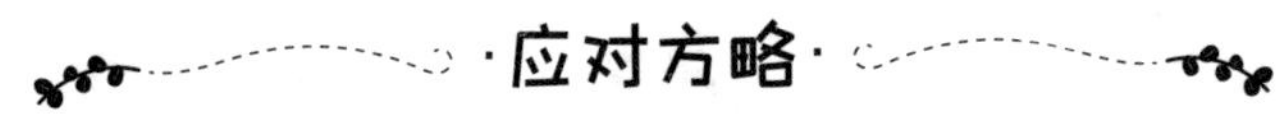

一、了解孩子说谎的原因

说谎，是每个孩子成长过程中都难以避免的行为。孩子年龄小，还没有掌握正确的言行准则，不懂得说谎是不对的，甚至觉得骗了大人很好玩，自己有本事。而父母通常认为说谎是一种不诚实的表现，当孩子说谎话时，多数父母都会火冒三丈地责骂：小小年纪就骗人，长大了怎么得了！

其实，孩子说谎并不一定就是不诚实，他们说谎的原因多种多样：有的是为了逃避批评惩罚或是讨父母、老师的欢心；有的是想通过说谎来让家长满足自己的某种愿望和利益需求；有的是不愿意做自己不喜欢做的事情而说自己身体不好；有的是想骗取钱物或自由；有的是希望引起别人的注意、满足自己的虚荣心；有的是因为分不清想象与现实间的差异；

有的是因为模仿大人不诚实的言行；有的则是要故意刺激报复家长……

当怀疑孩子说谎时，父母首先应弄清孩子是否真的在说谎，说谎的原因是什么。年龄小的孩子说谎容易被发现，几句话就可以套出来；大一点的孩子说谎往往能骗过家长，因为他知道家长喜欢听什么话，容易相信什么事。家长应仔细观察、调查了解，平静地揭穿孩子的谎话，用比较婉转的口气和迂回的方法教育孩子。

二、正确引导，具体问题具体分析

家长不要因为孩子说谎就大动肝火，打骂相加，而要冷静分析，区别对待，并加以正确且积极的引导，让孩子认识到：说谎是错误的行为，是不诚实的表现；不要以为说谎骗人能得便宜，谎言总会被揭穿；说谎会失去他人的信任，骗人最终只能是害了自己。

要引导孩子勇敢承认错误，承担因自己说谎造成的后果，从中吸取教训，把坏事变成好事。面对老师，家长千万别帮着孩子掩饰错误、推脱责任。

在种种说谎现象中，有些是无意说谎，有些则是有意说谎；有些是偶然性说谎，有些是经常性说谎。家长应当判断孩子说谎的性质和动机，根据不同的说谎行为对症下药、有的放失，采取轻重不同的措施。

1. 对无意、初犯或较轻的说谎行为，进行耐心说服教育

小学低年级的孩子还保留一些幼儿的特点，常把想象与现实混淆而造成无意识说谎，想象力、创造力丰富的孩子更易进行想象型撒谎。家长要在日常生活中告诉孩子什么是真实发生的，什么是想象的，让他逐渐把现实和想象区分开来；教给孩子如何表达自己的想象，如“我想……”“我希望……”等。随着年龄的增长，这类想象型说谎现象会自然消失。

不要把爱“编故事”的孩子都当成坏孩子。孩子有时不讲实话并不是坏。对孩子即兴瞎说、随便说谎（或编故事）的行为要善意地指出其错误之处，希望他以后说真话，有进步时要表扬。但当孩子无意的撒谎给别人带来伤害时，一定要让他了解和认识自己这种行为产生的严重后果。如果孩子是出自好奇心、顽皮、不当心而无意地讲了假话、做了错事，忌用粗暴体罚，而应先对孩子说谎的行为表示生气和不满，表明自己对说谎行为反感的态度，然后教育孩子以后要注意言行，不要再说谎了。

2. 对有意说谎、惯于说谎的孩子，进行适当的惩罚

对有意说谎、惯于说谎的孩子，家长要及时地发现、揭穿，并让孩子明白说谎是要被批评和惩罚的，将孩子说谎的企图适时地化解掉。

有些孩子已经习惯于说谎，屡教不改，甚至有损人利己的行为，而且态度恶劣。对于这种孩子，除了严厉批评教育以外，还可以进行适当的惩罚，例如父母发现孩子又因贪玩游戏而没有做功课并谎称做完了时，先要求他补做作业，然后剥夺他三天用电脑的权利，或者几日内不许他出门玩耍。但要注意，惩罚既要让孩子感到痛苦，认识到事情的严重性，又不能使孩子的身心受到严重损害和摧残，体罚和变相体罚是不可取的。

当孩子旧错重犯时，如能主动承认，父母在批评教育之后，一定要肯定他的坦诚，并适当减轻惩罚。

3. 理解善意的谎言

诚实的基本要求是不说谎、不骗人，但要告诉孩子，在复杂的社会和人生活动中，有时善意的谎言是必要的。医生或家人向绝症病人隐瞒病情，鼓励他战胜疾病，这不叫虚伪，而是更温暖、更深层次的关怀。只有智慧、德行和能力达到高度统一的人，才能表现出这种高层次的诚实美。

三、营造诚信氛围

1. 做出诚信榜样

孩子的诚信意识，是从他的人生经历中逐步看会、学会的。培养孩子诚信意识的第一任教师当然就是父母。说话算数、说到做到的家长，会使孩子重视他们所说的每一句话，从小向他们学习“言必信，行必果”行事方法。所以，要使孩子讲诚信，家长首先要对孩子讲诚信，不哄骗，不撒谎；对孩子不轻易许诺，许诺了必兑现。这种身教是一种“潜教育”，比“显教育”作用要大得多。

孩子不诚信的行为起初往往是从父母那里学来的。爸爸说，女儿如果考得优秀，星期天就带她去公园玩；她真的考得优秀，爸爸却说没时间。妈妈说，写完作业就让儿子出去玩；他写完了，妈妈却说再做 10 道练习题才能出去玩。孩子会从家长的言行中得到经验：大人是会失信的，不能轻信他们；为了达到目的，用虚假许诺来骗一下对方也无妨。家长们一次次说话不算数，失去了孩子的信任，也失去了自己在孩子心中的威信。孩子慢慢从这些小事中学会了不诚信。如果是由于家长经常失信造成孩子跟着说谎，家长一定要认真检讨自己的行为，为孩子树立好榜样。

2. 利用现实事例

在家庭日常生活中，抓住现实事例讨论诚信的话题。和孩子一起观看相关的电视节目，对重承诺、讲诚信的模范人物表示真心的赞赏、敬佩；发现孩子抄袭了别人的作业，或者孩子提到一个同学偷拿了别人的文具，一起讨论分析这种行为的性质和后果。长期在这样的环境氛围熏陶下，孩子诚信的品质就会逐渐形成。

关键词 自信

别人家的小孩儿

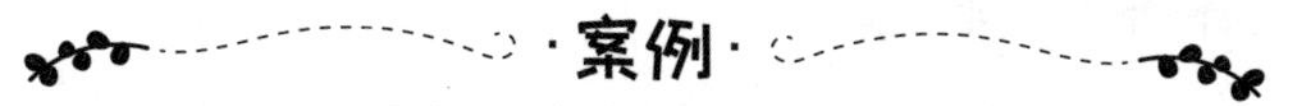

·案例·

每天小小放学回来，看到本子上大大的红×，妈妈内心焦急万分："别人家的小孩儿拼音都过关了，你怎么还不开窍呢？"看着女儿坐在台灯下艰难地读着"m–u–du，c–a–fa"，妈妈的火便噌地一下蹿起来："你怎么这么笨啊，读了一百遍了还错！老师讲过的你都用脚趾头记的？你看别人家的小孩儿……"

小小委屈极了，不由得号啕大哭起来。妈妈心里又是恼火又是不舍，只能再安慰小小，然后跟她一起纠正读错的地方。

晚上临睡前，小小依然很担心："妈妈，我读得不好，要是还不过关怎么办？"看着小小一脸的不自信，妈妈也不知道怎么办了。

·案例分析·

小小的妈妈犯了以下几个错误：

首先，对小学的教学情况了解不深。妈妈没有预先帮助孩子进行适当的入学前的准备，包括心理方面的准备。孩子出现了学习方面的困难，她又没有足够的耐心去帮助孩子，反而发火训斥，伤害了孩子的自尊心，导致孩子出现胆怯自卑、自惭形秽的心理。

其次，拿自己的孩子和别人家的孩子相比较。许多家长喜欢用别人家孩子的长处来对比自己孩子的短处，以为这样可以刺激孩子奋发上进。殊不知这种比较只会使孩子对自己的能力更加怀疑，感觉自己谁都不如，永远比不上别人。调查表明，所有的孩子对家长的这种做法都十分反感。这是一种无效的甚至有害的方法。

“别人家的小孩儿”之所以存在，是因为每位父母都希望自己的孩子能在一群孩子中脱颖而出，期望孩子成为自己最大的成就，能获得别人的夸奖和羡慕，满足自己的虚荣心。但“别人家的小孩儿”只是我们拼凑出来的一个完美小孩儿。其实每个孩子都有自己的优秀之处，也有不尽如人意的地方，家长用自己孩子的不足和别人家孩子的长处相比较，是不公平的。比来比去，孩子便没有了自信，其结果可谓适得其反。

·应对方略·

家长该怎样对待自己孩子的不足呢？又该如何培养孩子的自信呢？

一、不要将自己的孩子和其他孩子比较

每个孩子在这个世界上都是独一无二的，每个孩子都有自己的个性倾向和成长速度。家长和孩子的交流应该从他的实际情况出发，而不是要求他变成其他孩子的复制品。不与他人做横向比较，只与自己做纵向比较，只要孩子在原有基础上有所进步，哪怕只是一小步，家长都要毫不吝啬地给予激励。

二、不要用夸赞其他孩子的方式来反衬自己孩子的不足

没有什么比家长夸赞别人、责骂自己更让孩子感到羞辱丢脸的了，被这样对待的孩子不仅受不到激励，也感觉不到亲人的真爱。有的孩子会愤愤地说："他那么好，那你们要他做儿子好了？"

三、不要当众斥责孩子

孩子稍微大些，就会察觉到自己的缺点，并以此为耻。

尤其是生性敏感的孩子，他们觉得自己的缺点或糗事家人知道没关系，但绝不能让外人知道。当孩子听到父母对外人斥责自己时，不仅会觉得无地自容，而且在“暗示效应”的作用下，会认为自己真的不好，是个被人看不起的、多余的人。孩子就会变得自暴自弃，或是逆反。

四、鼓励为主，避免讥讽

对孩子而言，父母的言语是他们自我认同的重要标准。孩子成功时，父母应该表示高兴，及时给予肯定、鼓励，提出更高一些的目标，让孩子继续努力，取得更大的成功。当孩子遇到挫折时，父母应该多给一些安慰、支持，让孩子远离讥笑、贬抑，重树信心。家长过激的和不负责任的话，会让孩子产生自我否定。父母不能使用侮辱人格、损害自尊、全盘否定、表示绝望的词语和口气来对待孩子，须知这是伤害孩子的“软暴力”。

每一个孩子跟“别人家的小孩儿”都不同，他不完美，有各种各样的小缺点，但也有许多优点。教育孩子，首先是接纳孩子的“原生态面貌”，爱他就要无条件地接纳他（包括缺点），并且让他接纳自己。然后再信任、鼓励和欣赏孩子，这样他就会朝着父母赞赏的那方面慢慢地发展，逐渐变得更好。爸爸妈妈们，请别再说“别人家的小孩儿”了。

关键词 善良

思思的压岁钱

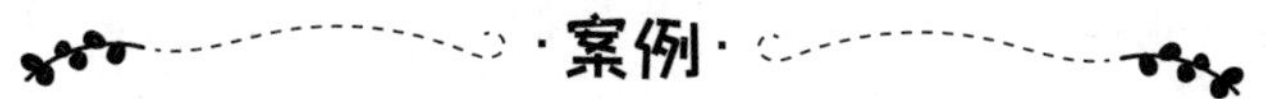

·案例·

思思每年都会得到不少的压岁钱。她很小的时候，压岁钱都变成了爸爸妈妈的钱。但上学后，她的压岁钱除了用于交她学校里的费用，还有一点剩余，思思便自己做主，用来资助贫困孩子读书。

今年过年，思思一拿到压岁钱，就几次三番催促妈妈和她去红十字会缴纳助学款。令人欣慰的是，思思资助的学生过去一年的学习成绩都还不错（要对方学习成绩保持中上是她当时提出的条件），其中有一个还是品学兼优的班长呢！妈妈对女儿说："和你有得一拼哦！"思思说："祝愿她能继续读好书、当好班长，但我绝不会输给她！"

寒假里，老师让孩子们为环保做点事情，思思所在的红领巾小队积极响应，队员们纷纷拿出自己的压岁钱，买了一

些植物种子和桃树、橘树种在校园里。思思和几位同学还用压岁钱买了年货，去社区和养老院看望孤寡老人。

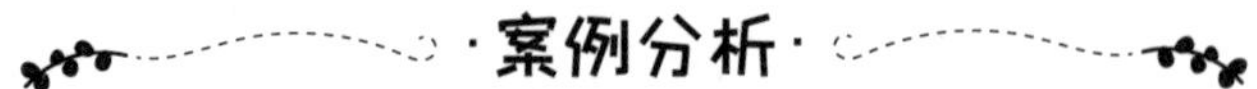

·案例分析·

如今的孩子拿到的压岁钱往往不是小数，每年媒体上关于如何使用压岁钱的话题也不少。对孩子来说，只要老师和家长常常进行奉献爱心、助人为乐的教育引导，并做出榜样来，孩子的善良之心就会在生活中体现出来。案例中思思和她的同学花压岁钱的方式就很有意义，而且对孩子的一生都会产生积极的影响。

思思的妈妈能尊重女儿对压岁钱的使用权，支持她把压岁钱花在有意义的事情上，做得很好。这就是在培养孩子的良好品德。美中不足的是，妈妈办事有些拖拉，反过来要女儿几次催促，才去红十字会缴纳助学款。若是误了时限，孩子参与公益活动的积极性就会受到影响。

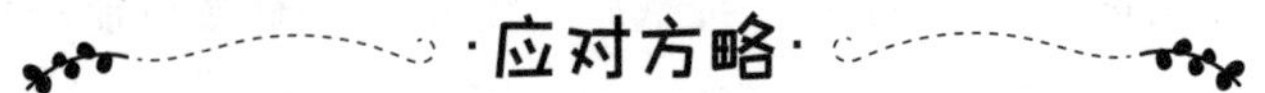

·应对方略·

一、尽早引导孩子树立善恶标准

要想孩子做好事、不做坏事，就要先让他知道什么样的行为是善的行为，什么样的行为是恶的行为。家长要告诉孩子：爱护自然、尊重他人、爱护别人的名誉和物品、尽可能地给别人带来快乐，都是善的行为；而伤害别人（比如打人、骂人）、破坏公共财物和别人的物品、破坏环境、扰乱秩序，都是恶的行为。随着孩子的成长，家长要不断引导孩子加深对善恶的理解，并提高对其行为要求的标准。

对孩子的行为应及时给出评价，例如："你能帮助别人，做得很对！""不能这样做，这会让别人很难过！"

二、教孩子对人态度温和

平时人们提到"善良"，就会想到心眼好、不害人，于是对孩子的教育往往局限于不坑人、不害人。其实，善良有一个重要的表现，那就是性情、态度、言语等要温柔、平和。礼貌的、温和的话语能够增进人与人之间的感情。一个人的性情、态度、言语等不够温柔、平和，很容易伤害别人，这就违背了善。那些挑衅的、找碴儿的、傲慢的、冷漠的话语，都会让别人不舒服，都是不友善的。家长要及早教孩子对人态度和善，即使生气的时候也不要发火，而要努力控制自己的情绪。不管什么样的矛盾，都应通过沟通的方式来解决，而不是发脾气，这样有利于孩子养成和善待人的习惯。

三、带孩子做善事

每个人的内心都有最柔软的部分，这是善的天性，孩子也不例外。家长带孩子去接触贫困的人、生病的人、孤单的人、遭受意外伤害的人，能激发孩子内心深处的同情和善良。对这些人慷慨相助，表达的是对弱势群体善良的态度，孩子习得这样一种态度，便会学着做好人、做善事。

学校与家庭都需要对孩子进行善的教育引导，让我们的孩子都能成为纯真、温和、心地善良的人。

关键词 感恩

我该谢谢您

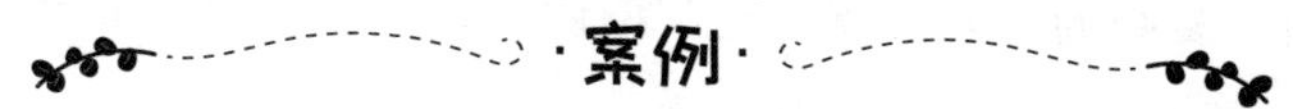

和着新年的喜庆节拍，欣欣一家踏上了快乐的新春旅途。候车大厅里人头攒动，列车晚点引发的焦虑和不满情绪充斥着整个候车室。保洁员大婶操着外地口音不断地提醒人们“请让一下，抬下脚”。然而，回应她的大多是人们不屑地略微一抬脚，还有些人干脆不理不睬。

欣欣妈妈忽然想起手中的纸巾，顺手扔进保洁员大婶的簸箕里，却意外地收获了大婶的一句“谢谢”。

欣欣听了，可就纳闷了：“妈妈，阿婆帮你收垃圾，为什么还要谢谢你啊？”无忌的童言，却让妈妈尴尬了，忙不迭地应声道：“是啊，大婶，我谢谢您才对，您辛苦啦！”欣欣听了也带着甜甜的笑容，抢着说：“对呀，阿婆，谢谢你哦！”爽朗的童声换来辛苦了一上午的保洁员大婶灿烂的笑容。

·案例分析·

欣欣的童言童语让人欣慰。在我们时代的列车里，一颗纯真的童心正自然地表达着传统美德——感恩。

案例中的三声“谢谢”最触动人心：保洁员的“谢谢”是感恩自觉保护环境的人；妈妈的“谢谢”虽然来得略显迟缓，但既是感恩保洁员的辛勤付出，也是感恩自己有一个如此善良而有爱心的女儿；欣欣的“谢谢”是来自童真世界最真诚的声音。

感恩的心，是记得别人对自己的好，为之感动并不忘报恩。感恩，是人类美德的泉源，也是一种积极的生活态度。用心去善待和尊重每一个人、每一种物，才能体会生活中每一种快乐、每一种幸福。家庭教育要重视培养儿童的感恩之心，让孩子成为一个懂得感恩的人，让感恩成为他的一种习惯、一种心态，那么，孩子就是一个幸福的人。

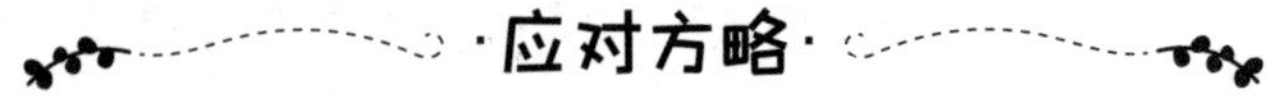

·应对方略·

一、根植一颗感恩的心

获得一种美德的第一步，是要根植一种信念。要成为一个懂得感恩的幸福的人，首先要拥有一颗感恩的心。

1. 接受施予与奉献回报

家长要让孩子明白，每个人一来到世界上，甚至在出生前，就不断接受别人的施予，并在施予中成长、成才、成家。别人给你以物质和精神的关怀、帮助，并非欠你什么，而是因为爱你，希望你将来也能对他人给予关怀和帮助。别人给你的爱心和好处叫作“恩惠”，接受别人的恩惠要知道“感恩”和“报恩”，这就叫作“有良心”。家长可以举反面事例告诫孩子：极有爱心的歌手丛飞生活节俭，省下生活费资助了几十个贫困学生。后来他患了癌症，却没钱治疗。一些受助的学生虽然已经工作有了收入，却无动于衷。丛飞逝世后，记者问那些年轻人为何对恩人不伸援手，得到的答复竟是：“谁知他资助我有什么动机！”这种言行不仅是不知感恩，简直就是没良心。

2. 轻而易举与来之不易

如今多数家庭的现实情况是，躲在父母亲朋厚实羽翼下的儿童，轻而易举就可“呼风唤雨”，遂其心愿，要什么有什么；宠爱来得容易，自然失去了珍惜的意义。家长可通过不同的方式让孩子了解家人的辛苦，了解不同社会群体的生活状况，以及自然万物的生长、生存等；也可以通过“延迟满足”的方法，比如“交了学费，这款玩具只能下个月再省钱买了”等，让孩子体会安逸生活的来之不易，懂得感恩和珍惜现在拥有的一切。

3. 强势出击与适时示弱

作为长者和教育者，家长习惯了以强大的姿态出现在孩子面前。即使给予爱，也是带着强势的气息，例如“你看，我对你多好！”“幸亏爸爸妈妈……”这样的话听多了，孩子就麻木了、厌烦了，感恩之心也被逆反情绪替代了。不如换一种方式，比如：“妈妈在单位累了一天，休息一会儿再做饭吧？”“我今天站得脚酸，你可以帮我倒杯水吗？”“你真的喜欢这个吗？这么贵，要买的话，妈妈这个月只能不买新衣服了。”家长适当地展现出柔弱的一面，以轻叩心扉的方式，更能在孩子心里播下爱心的种子。

二、播撒一份感恩的情

感恩不应该仅仅是感觉温暖，还应该有发自内心的外显的言行。

1. 以身示范

东晋名相谢安说“我自教子”，意思是我用自己作为榜样来教育孩子。要想孩子能孝顺长辈、关爱他人、感恩生活，父母必须从自身、从小事做起。例如：多陪自己年老的父母聊天散步，逢年过节带孩子去看望长辈或有恩于己的人；向给自己提供帮助的人（包括家人）表示感谢；在孩子面前赞扬和感谢老师，以感激的口吻讲述自己在单位里、社会上得到过什么人的帮助；出入小区主动和保安打招呼，向保洁员、绿化工道声“辛苦了”；谴责新闻报道和影视剧中的忘恩负义之徒；等等。孩子浸润在充满感恩氛围的环境中，耳濡目染，模仿着做，也就懂得了感恩。

2. 创设机会

要让孩子表达自己的感恩之心，化情为行，还需要家长给孩子提供行动的机会，这样的机会是以小见大、落实于生活细节之处的。例如要让孩子感恩亲朋，可以通过端一杯水、致一声问候、洗一次脚、捶一次背、做一次家务等方式来回馈亲人的付出；要让孩子感恩社会，可以鼓励孩子给门卫送个苹果，帮保洁员打扫一次卫生；要让孩子感恩自然，可以带他呵护一片草地，保护一棵树，照顾一株花，认领一只小动物，为自然生机的延续贡献一份绵薄的力量。

机会和情境可以是家长“刻意为之”，也可以是“信手拈来”，各种节日都可以成为表达感恩的大好机会，不要轻易放过。春节收到长辈的压岁钱或礼物，要真心道谢，妥善保管或使用，珍惜情义；父亲节、母亲节、教师节、重阳节，孩子可以自制贺卡送给长辈、师长，感谢他们的教育、关怀，让自己的生活幸福、顺遂。

3. 及时肯定

当孩子为家长、为生活、为身边的一切送上温馨的感恩时，家长别忘了给予一句真诚的肯定。无论孩子做得是否到位、出色，家长都要发自肺腑地给予赞扬，让孩子受到鼓舞。当然，更别忘了回馈以感恩的微笑和拥抱，因为感恩也是相互的。

关键词 快乐

微笑每一天

·案例·

场景一：

放学了，在校门口，小益满头大汗地向妈妈跑来，兴奋地说："这周的体育课和大课间活动，老师教我们打篮球啦！妈妈，双休日让我跟同学去体育公园打篮球吧！"看着儿子酣畅淋漓地流汗，听着他兴致勃勃地诉说，妈妈明白了：这样随性地玩耍，快乐地运动，是让孩子每天开心地上学，热切地向往学校生活的重要原因。

场景二：

小益一到家，就直奔书房，翻找看过的书，一本本整理好，还认真地写好一张张卡片："朋友，希望你能喜欢这本书！"然后把这些卡片细心地分别夹在书里，那专注的神情仿佛天地间只有这件事是最重要的。

妈妈看了，一头雾水地问："小益，你在干什么？"

儿子脸上洋溢着阳光般的笑容："妈妈，学校组织了为云贵山区孩子捐书的'玫瑰书屋'活动。我要把书捐给他们！"

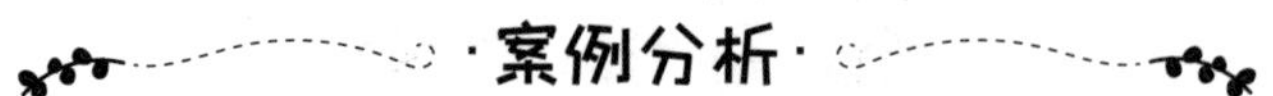

·案例分析·

"快乐"是需求得到满足、目的得以实现后，心理上的愉悦和舒适感。快乐不由外在的物质决定，而取决于内心的感受。大脑有个"快乐中枢"，经常使它受到快乐的刺激，它就会逐渐发育、扩大，人就越能经常感到快乐。跟踪调查表明：幼小时生活快乐的孩子，成年后的生活也快乐，不论收入多少；反之，幼小时不快乐的孩子，成年后的生活也不快乐，即使经济富裕。

孩子的快乐比分数更重要。小益在学校"乐学教育"的氛围下，在妈妈的支持和引导下，收获着快乐，微笑度过每一天。家长们要像小益妈妈一样，让孩子享有童年的快乐，让他们将来能在竞争激烈的世界中永远保持一颗快乐的童心，乐观愉快地生活。

·应对方略·

父母能给予孩子最重要的礼物就是“快乐的本领”。这个本领需要家长有意识地进行培养。

一、给孩子自由玩耍、运动的时间

儿童教育专家指出，自由玩耍对孩子来说非常有益，所有的孩子都需要有一些随性玩耍的时间，让他们的想象力无拘无束地发挥。父母要避免将孩子的时间塞满各种课程学习和规定的活动，注意培养孩子对运动的兴趣，多陪孩子玩球、游泳、骑脚踏车。多运动可以锻炼孩子的体能，动态生活可以舒缓孩子的压力与情绪，让孩子从运动中发现乐趣与成就感，变得更快乐开朗。

二、给孩子关怀别人的机会

快乐的孩子能感受到自己与别人存在某种有意义的连接，了解他对别人的意义。要发展这种感觉，家长应帮助孩子多与他人接触，可以和孩子一起整理一些旧玩具、旧书籍等，和他一起去捐给慈善团体，帮助无家可归或家庭贫困的孩子；也可以鼓励孩子在学校、在课余参与一些义工活动。专家指出，即使是很小的孩子，都能从帮助他人的过程中获得快乐，并养成喜欢助人的习惯。

三、培养孩子自主解决问题的能力

从学会系鞋带到自己过马路，每一步都是孩子迈向独立的生活的里程碑。当孩子发现他有能力解决面对的问题时，他就能品尝快乐与成就感。当他遇到阻碍时，家长可以采取几个步骤给予帮助：

（1）确认他的问题。

（2）让他描述自己想到的解决方式。

（3）找出解决问题的步骤。

（4）让他自己解决这个问题或提供一些帮助。有些难题一开始需要手把手指导，过后必须让孩子自己实践，家长只需在旁鼓励和指点。

（5）确定他能获得需要的协助。当孩子自己解决困扰他的难题时，这份成功的体验就是快乐。

四、激发孩子内在的艺术天分

多让孩子接触音乐、美术、舞蹈等活动，可以丰富孩子的内心世界，促进其智力、情感和表现能力的发展。孩子随音乐舞动或是拿着画笔涂鸦，其实都是他表达内心世界、抒发情感的方法。孩子喜欢画画、跳舞或弹奏乐器，取得进步后，会对自己感到满意，快乐油然而生。

五、恰当地表达对孩子的关爱

最重要的是让孩子得到“爱的满足”。家长对孩子的爱越多，孩子的满足感越强，快乐也更多。但“爱的方式”非常重要，千万不能沦为“溺爱”。下面有几种“爱的方式”可以参考。

1. 常常拥抱

轻轻一个拥抱，传达的是无声的“我爱你”。研究发现：温柔的抚触、拥抱，可以让孩子变得较健康、较活泼，情绪也较稳定；情绪低落时，拥抱还能起到抚平不安情绪的作用。因此，建议父母每天再忙再累，也要给孩子一个大大的拥抱。

2. 用心聆听

没有什么比用心聆听更能让孩子感受到被关心的了。想要当一个好的倾听者，不仅需要耳朵。当孩子对家长说话时，家长要停下手边正在做的事情，专心听他讲话，不要中途打断，即使他说的内容已经听过很多遍了。每天陪孩子上学途中或哄孩子上床睡觉时，是最佳的倾听时刻。

3. 放弃完美主义

家长都期望孩子展现出他最好的一面，因此有时候会太急于纠正或改善他们的表现。例如，嫌他们没把桌子擦干净，干脆自己再擦一遍；或是命令他们一定要把东西摆到特定的位置上。事事要求完美，会减弱他们的信心和快乐感。父母要放弃完美主义，宽容孩子的小小过失，放手让他去体验、去选择、去实践。

给予孩子充分的、正确的爱，教给孩子“快乐的本领”，孩子一定能微笑度过每一天。

关键词 责任心

孩子的事该谁做

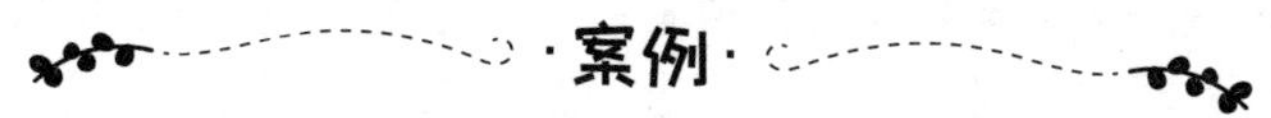
·案例·

小理是一家人的心肝宝贝，从小就是衣来伸手，饭来张口。每次他跃跃欲试地想做什么，都被家人以“危险，别动”或者“那个脏，奶奶来做”给拒绝了。

大人们并没有意识到自己的教育方法有问题，但进了小学，当父母认为有些事该小理自己做时，小理却不愿意了。

早上出门，妈妈让小理自己穿鞋，他坐着喊：“奶奶，系鞋带！”回家做完练习，妈妈让小理自己整理书包，他却边跑去看电视边喊：“奶奶，收拾书包！”而在学校里，小理也常常忘了值日工作，并把别的同学的代劳看作是理所当然的事。

·案例分析·

小理的家人竭尽全力地替孩子做一切事情，把孩子的责任担到自己肩上，久而久之，使孩子的责任意识淡薄，连自己的事都不觉得必须由自己来完成，更不用说为家里的事、集体的事主动出点力了。

孩子在家庭生活中养成的责任感是他未来社会责任心的基础，只有让孩子从小认识到自己生活的意义和责任，感觉到自己被需要，他才能有担当，才能乐观、坚强，才能成为一个对自己、对家人、对社会负责的有用之才。

有无责任心直接关系到孩子的成长，关系到家庭的幸福，更关系到社会的未来。一位专家说："能力不足，责任可补；责任不够，能力无法补。能力有限，责任无限。"培养孩子的责任心是家庭教育的重中之重。一个人责任感的形成和增强，除受意识形态和社会环境的影响外，主要靠教育。

责任就是应尽的义务、分内应做的事，同时意味着担当和付出。学会负责、勇于担当、感恩回报、奋发努力，既是个体成长的需要，也是人际关系和谐的前提，更是社会繁荣进步的基础。许多家长对孩子说："你只管好好学习，家里什么事都不要你管。"正是这种误导，使孩子成了家中的小皇帝，只享受权利，不尽义务，不承担责任，将来到社会上也会如此。家长要给孩子适当的任务和机会，让孩子做自己该做、能做的事情，承担一些力所能及的责任，目的是让孩子认识到：每个人都是自己生活的主人，首先要对自己负责；自己是家庭的一员，不能只享受家庭温暖和众人关怀，也应承担一定的家庭责任，对家庭负责，将来还要对社会负责。

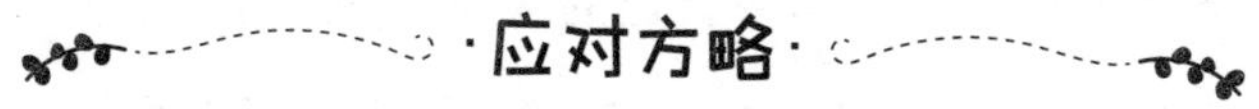

·应对方略·

一、身体力行做榜样

父母在家庭生活中所表现出来的责任心的强弱，是孩子最先获得的责任心榜样。有的孩子犯了错误，只责怪别人，而不承认自己的过错，这往往与家庭影响有很大关系。父母在孩子面前“唯我独对”，从来都不认错，也不习惯向孩子做检讨，孩子就会从父母身上学到这种推卸责任的习惯。还有的父母看到孩子有不足之处，就把责任完全推给老师，认为孩子不好是老师没有教好，说“孩子在家里好好的，到了学校怎么会有这些缺点？”所以，培养孩子的责任心要从父母身体力行做起。如果父母说错了话，冤枉了孩子，一定要和孩子说清楚，要从自身来检查、反思，不能每次都说是孩子的错、别人的错。遇到问题时，父母还要教会孩子分析过失、对错，知道在一件事情中自己应该负什么样的责任。父母为孩子做出了榜样，孩子才会照着去做。这样，责任之树才会在孩子心中生根发芽。

二、小处着眼重细节

对孩子责任心的培养要从小处着眼，从孩子日常生活的点点滴滴开始，持之以恒地督促执行。

从小就要让孩子学会自己的事自己做，不能依赖别人。当孩子渐渐长大，根据孩子的年龄和能力，可交给他一些小任务，要求限时、保质完成。孩子做得好，家长要予以表扬奖励。在小事中培养孩子的责任心和做事能力，并让孩子获得成功感和乐趣。“勿以善小而不为”，一件一件好事孩子做得多了、做习惯了，孩子的责任心自然就培养起来了。

较大较难的事，家长交代任务，提要求，和孩子一起制订方案，规定时限，设定分段目标，启发孩子想出具体的实施办法，并支持孩子自主行动。家长再进行检查，予以评定，让孩子在一步步达成目标的过程中培养责任心。如遇困难，家长可出点子、提建议，但不能包办、代替。

有的孩子对自己要求过高，或有焦虑情绪，生怕任务完成得不好，缺乏自信，出现问题就自责内疚。家长要理解他的心理压力，加强心理疏导，并在思维方式上给予指导，以平和的心态帮助孩子走出眼高手低所形成的心理阴影。

三、感恩社会多实践

鼓励孩子积极参与社区服务、环境保护、助贫助残等公益活动，为社会、弱势群体献爱心，从小培养社会责任感，为将来适应社会、参与社会活动奠定基础。

关键词 文明有礼

做一个有教养的人

·案例·

爸爸妈妈带小文去参加家庭聚会。坐公交车时，一个小朋友看见有个空座位，就一屁股坐了上去，完全无视身旁带他的老人。小文盯着看了好一会儿，轻轻地问："妈妈，这小哥哥为啥不给他奶奶坐呀？"妈妈冲小文点了点头。

到了下一站，公交车里有空座位了，小文就说："妈妈，你坐吧。"

妈妈说："你还小，站不稳，你坐吧。"小文这才坐下去。

到了聚会场地，小文主动向亲戚长辈们一一问好，然后开心地和兄弟姐妹们做起了游戏。用餐时，小文又成了小忙人，看到爸爸帮爷爷铺餐布，就主动跑去帮奶奶拿碗筷；看到妈妈给她夹菜，就也帮弟弟妹妹夹他们够不到的菜。遇到一道自己喜欢吃的菜，看到别人的筷子正好也伸过去，她会停下筷子，让他们先夹。尝到好吃的菜，她就会说出来，和大家分享。妈妈看在眼里，喜在心中，用微笑赞许小文。

聚会结束后，大家纷纷夸小文有礼貌，都邀请她下次到自己家去做客。

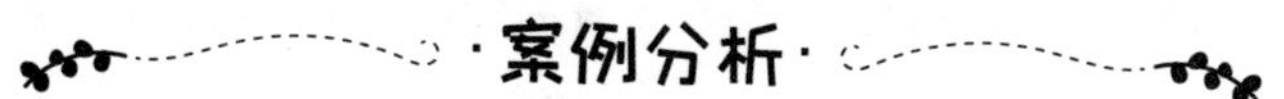

·案例分析·

文明习惯是孩子成人成才的基石，需要从小养成。小文在公交车上对小哥哥的行为发出了质疑，在聚会场合主动向长辈问好，就餐前主动帮着拿碗筷，用餐时不自顾自地吃菜，处处都表现得很懂事，这应该是小文家长善于教育、引导的结果。小文妈妈“冲小文点了点头”“用微笑赞许小文”，正是抓住了生活中的教育契机，是一种无声胜有声的教育。当然，文明礼让的道理，小文也一定是早就从老师和父母那里听过的。

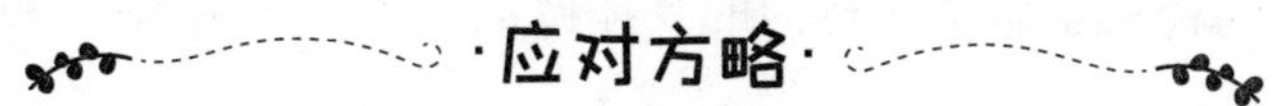

·应对方略·

一、家庭成员统一认识，及早关注

家庭是孩子生活和起飞的基地。为孩子的人生提前谋划，需要全体家庭成员统一认识。只有在家中尊重长辈、谦恭有礼的孩子，在外才会尊师守纪，关心他人，懂得谦让。以后踏进社会，孩子才会成为有文明修养、有责任感的好公民。文明礼仪教育，实际上就是培养孩子为人的正确态度和良好品格，给孩子的人生打上最好的底色。家庭教育既不能因社会的功利浮躁而重考试成绩、轻文明习惯，也不能幻想“船到桥头自然直”，错过了文明习惯培养的关键时期——童年。

小学阶段是基本习惯形成期。家长要帮助孩子学会与人相处的态度和行为，逐渐养成基本的文明礼貌的习惯，尊敬长辈，友爱伙伴，帮助弱小，遵守规则，合群合作。

二、家庭生活传承文明家风，潜移默化

家长是孩子的样子，孩子是家长的镜子。在家庭生活中，家长的文明言行是孩子最直接的学习榜样。因此，家庭成员都应该以身作则，注意文明礼貌，形成文明家风。在家庭聚会、外出活动中，家长可以指导孩子观察亲戚和朋友家尊老爱幼、体贴关爱、礼貌谦让等值得学习的行为，使孩子通过身边的榜样了解文明行为的具体做法，感受文明家风营造的温馨氛围。

小学低年级孩子的心理特点决定了他们更容易接受形象直观、生动有趣的教育形式。家长可根据孩子的年龄特点、认知水平，将各种适合的教育形式融入平时的家庭生活中。

1. 诵读儿歌法

中国古代有诗教的传统，留下了许多有教育意义的诗篇。近现代也有不少有关文明礼仪的儿童诗歌，不仅通俗易懂，而且朗朗上口。家长可以有针对性地选择适合孩子年龄段的优秀篇章，让孩子朗读、讲解、吟诵，使之明白文明习惯的意义，产生内驱力，注意文明举止。

2. 讲故事法

童话故事是孩子喜闻乐见的教育形式。在亲子阅读过程中，家长可以与孩子讨论交流“你觉得故事中主人公这样做好不好？为什么？”或者“你觉得他接下来应该怎么做？”

通过故事情境帮助孩子提升辨别言行对错的能力，学习待人接物的正确观念和方法。

3. 实践体验法

“生活教育”理论强调在做中学，在做中养成好习惯。在家中和外出时，家长可有意识地为孩子创设礼仪实践的机会。例如，去看望爷爷奶奶，为外公外婆做力所能及的事，和兄弟姐妹一起为全家人分水果，跟爸爸妈妈去拜访他们的朋友、去看一场演出，等等。让孩子在身体力行的实践活动中感受文明言行的美好，学会随时随地注意。

习惯养成主要靠经常、长期的训练。研究表明，一种习惯的养成至少要训练 21 次或坚持 21 天，需要家长耐心的陪伴与引导。

三、家庭交流中及时评价、激励，持之以恒

对于孩子表现出的文明言行、良好素养，家长应该及时鼓励，并表现出由衷的高兴。可以设计“文明银行小存折”“21天好习惯表”等，定期评价、记录，用精神奖励的方式鼓励孩子保持好习惯。

对于孩子表现出的不文明言行，家长要用真心真情与他沟通，用生动的事例说明道理，让孩子感受文明习惯能带给自己与别人快乐，不文明言行会带来苦恼。当孩子产生了改正错误的愿望和决心时，家长要持续关注，及时给予情感激励，防止孩子因意志薄弱而半途而废。

关键词 节约

别让孩子大手大脚地花钱

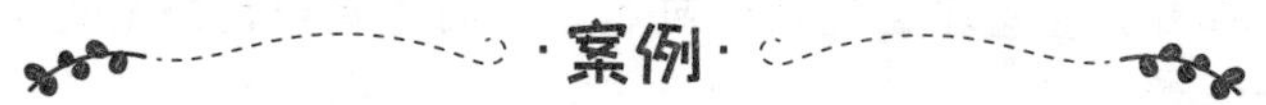

·案例·

童童的爸爸妈妈都是企业高管，平时工作比较忙，没有太多的时间照顾儿子，于是他们经常给儿子多于实际需要的零用钱，让孩子可以买自己需要和喜欢的东西，以此作为对孩子的一种弥补。

暑假里，童童被送到外婆家。没过几天，他就打电话吵着要回家。妈妈很奇怪，询问原因。

童童不满地说："外婆太抠门了！我们出门玩，我说要坐出租车去，可外婆非要坐公共汽车。"

妈妈安慰童童："有车坐不就好了？再说，现在公共汽车都是空调车，坐着也挺舒服的呀。"

"可是从外婆家走到车站还要好久呢！"童童嘟哝着，马上又补充，"到了商店里，我要买一个新文具盒，她也不给我买。"

妈妈反问:“暑假前我们逛商店时，你不是缠着我刚买了一个新文具盒吗？还是个名牌的，不少钱呢！怎么才没几天又要买呢？”

“可是现在流行变形金刚的这种了，外婆家隔壁的文文昨天刚买了一个，可神气了！上次买的那个，我现在不喜欢了。”

妈妈叹了口气:“如果实在喜欢，你就用自己的零花钱买吧。”

谁知，童童理直气壮地回答:“我的零花钱已经全用完了。你给我买！”

“啊？才几天，几百块钱全用完了？”妈妈很惊讶。

一旁的外婆接过电话，对童童妈妈说:“现在条件是好了，可别让孩子从小就大手大脚地花钱！”

听着老母亲的话，童童妈妈在心中暗自算了一下童童的开销，不禁陷入了沉思……

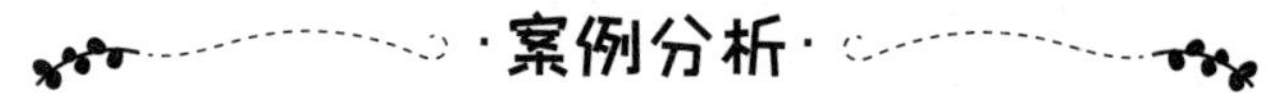

·案例分析·

二三年级的孩子正处在消费启动阶段。像童童这样的孩子，手中有一定的零花钱，在消费过程中，容易受广告宣传影响，或是因模仿、攀比、享受、酬谢、夸耀等消费心理而盲目消费。一旦养成大手大脚花钱的习惯，不仅花费了家长大量的血汗钱，而且容易产生懒惰依赖、贪图安逸、虚荣攀比的习性。家长不能忽视对孩子的消费观念和消费行为的引导。

童童父母出于补偿心理，尽量满足孩子的消费要求，以此表达自己对孩子的爱。然而，由于忽视了对孩子消费观念的指导和对零花钱使用的监督，事情的结果让人产生了忧虑。

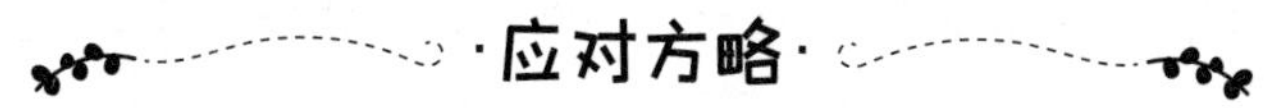

·应对方略·

一、抓住“启动”时机开展教育

随着年龄的增长，孩子的消费由家长支配、控制较多逐步进入自己支配零花钱的阶段。家长要抓住“消费启动”阶段这一时机，对孩子进行合理消费教育，帮助孩子形成正确的消费观。

对小学低年级的孩子，家长可以在游戏中教他认识硬币和纸币，学会找零钱；也可以在去商店购物的过程中，和孩子交流什么商品多少钱，怎样量力而行地用货币购买需要的商品。家长要让孩子知道父母的钱财是靠辛勤劳动得来的，告诉他生活要节俭的道理，让他学会正确对待父母的钱财。

对小学中高年级的孩子，家长一方面可以鼓励孩子阅读适合其水平的理财读物、商界人物传记，了解他们艰苦奋斗、精打细算的创业守业过程；另一方面可以通过带孩子观看电影、阅读故事、参观历史陈列馆、讲述自己勤俭持家的故事等方式,对孩子进行勤俭美德教育。同时,要让孩子参与劳动,感受钱财的来之不易。

二、不随意给零花钱

给孩子零花钱要有计划，可根据其年龄大小、需要缓急、支配能力高低和自控能力强弱，确定是一天给一次、一周给一次，还是一月给一次。每次给多少要限制数额，让孩子学会量入为出。发放零用钱时要特别注意“两个不”的原则：不有求必应，不将钱和奖惩直接挂钩。优秀的品质是金钱买不到的，家长如将钱直接和孩子做好事挂钩，反而会降低孩子做好事的意义；将钱和分数挂钩，无异于叫孩子为金钱而学习。

三、指导孩子学会购物的取舍

告诉孩子，挑选商品时要克服购物冲动，学会取舍，对于可以省下的开销，要能省则省；喜欢的东西须经努力获得，而非伸手可得。帮孩子分清“想要”和“需要”。每当孩子购物之前，可以让他先判定是“需要”还是“想要”，例如，吃饭是“需要”，零食、点心是“想要”；上学必备的基本文具是“需要”，更贵的新潮同类物品是“想要”。慢慢地，孩子会发现这两种消费的不同，并且学会举一反三。

还可以跟孩子交流购物技巧，让孩子学会节省开支。告诉孩子，要正确看待夸大商品效应的广告，应结合自身的需求选择最合适的商品，并教给孩子一些基本的消费技巧，比如怎样利用优惠券，怎样分辨打折的真假，买东西时要货比三家，在某些市场可以讨价还价等。这些技巧能够让孩子不花冤枉钱。

四、鼓励孩子记消费账

让孩子建立自己的记账本，及时记录什么时候花了多少钱，花钱做了什么。记账不仅有助于家长了解和指导孩子的消费行为，更有助于孩子学习科学管理零花钱，养成理财习惯。要求孩子记账的家长，每隔几天就要查一次账，用得妥当时给予鼓励，用得不恰当时要批评、指导。鼓励孩子将余钱积攒起来，积少成多，不妨到银行开个账户存着，等必要时再取出使用。

五、为孩子树立合理消费的榜样

合理消费，家长要从自身做起，崇尚节俭，不做攀比，为孩子树立良好榜样。在孩子面前，言谈不涉及别人买房、购车、装修、旅游、美容、吃喝等的费用开销，以及服装品牌等话题。

当孩子谈及同学买了品牌服装鞋子、高档文具用品时，要引导孩子的关注点正向转移，让他知道一个学生的亮点，不是名牌服装、文具，而是良好的品质、优秀的成绩和出色的特长。

在家庭采购中，可以教孩子关注物品的实用性而不是包装，重在使用，而不是显摆。还可以开展“家庭节水节电模范”“家庭光盘行动”之类的活动，进行“家庭废旧物改造”比赛，既可培养孩子的节约意识，又能丰富家庭生活内容，融洽亲子关系。孩子看到父母精打细算，物尽其用，合理消费，不盲目攀比，必定也能养成节约的好习惯。

— 学习指导篇 —

关键词 自主学习

让孩子独立完成作业

·案例·

一二年级作业少，绝大部分在学校就能完成。乐乐回家总是先吃喝玩耍一阵再做余下的作业；有难度的作业他也不用担心，因为有英明聪慧的爸爸妈妈帮忙，乐乐总是优哉游哉。

自三年级开始，作业量明显增加，乐乐还是依照原来的习惯做作业，每天都要到九点左右才能完成，作业本上“你真棒”的奖章也越来越少。爸妈想方设法“威逼利诱”，要求他在规定时间内完成作业，可乐乐磨叽一会儿就喊“我不会，我不会！”

爷爷奶奶干着急帮不上忙，乐乐非得等爸爸妈妈回来后才开始进入状态。可他们下班回家都要六点了，吃好晚饭乐乐再开始做作业，口头、笔头作业加起来一个多小时，磨磨蹭蹭做完就是八九点了。

爸爸妈妈很是着急，孩子这样下去可怎么办？

·案例分析·

像乐乐这样缺乏学习自主性、没有独立学习习惯的孩子不少，他们过多地依赖父母辅导讲解、检查作业，甚至要父母坐在身边才能专心学习。父母稍有疏忽，孩子就会少做或不做作业，正确率直线下降。

乐乐的父母是很负责的，但没有让孩子成为学习的主人，忽略了从小培养他自主学习的习惯。孩子对学习被动消极，对作业敷衍了事；家长看不到自己辛苦努力的成果，身心俱疲。久而久之，双方都会失去信心。

教育专家指出："平常在日常生活上不能自主的孩子，在功课上也会有同样的情形。他们不是想要失败，而是根本不知道如何才能成功。"对乐乐来说，要帮助他进步，最要紧的还是要培养他自主学习的习惯。

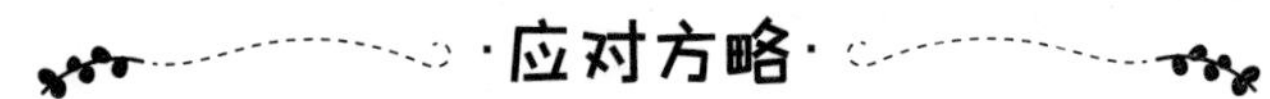

·应对方略·

一、创造安静的学习环境

父母通过自己的行为示范，营造勤奋好学的家庭氛围，让孩子产生学习兴趣。这样他们就会主动拿起书本，自觉追求知识，爱学习、会学习。

一间独立安静、简朴、整洁的书房，会帮助孩子把心思放在学习上。孩子学习时，父母要选择安静的活动，最好是看书读报、上网查资料；不说笑聊天，不随意进出书房；不对孩子嘘寒问暖、送吃送喝，使之少受无关信息的干扰。

二、父母从陪伴到放手

小学低年级的孩子不会学习，需要父母陪伴指导。父母可以营造一起做功课的快乐亲子时光，使孩子把学习当成像刷牙、吃饭、洗澡一样的每日生活例行事务。和孩子一起建立学习的流程和规矩，父母不代劳写作业，也不直接告诉孩子答案，让孩子知道写作业是自己的事，学习的主角是他自己，防止孩子产生依赖性。

随着孩子年龄渐长，父母要一步步退出孩子完成作业的过程，把自己放在支持而非监督的位置上。让孩子自己复习、做功课，自己发现问题、找资料寻答案。小学中高年级的孩子做功课时，父母可以去别的房间做事，用行动告知孩子“那是你的功课”，同时也传递“我相信你一个人做得到”的信息。在鼓励阅读和规劝孩子远离电视、电脑的同时，父母应该以身作则，言行一致。

三、提供界限分明的时间、空间

设定界限才能促使孩子独立自主。孩子的安定感和秩序感来自一个规划好的每日时间表，让孩子拥有固定的生活节奏。最好是和孩子一起商定，让他自己决定每天在什么时间做什么。等孩子习惯了固定的学习时间和地点，到时候就会自然地去那里学习。

约法三章，让孩子知道父母的期望，然后贯彻执行这个约定。当孩子的行为越界（例如打游戏忘了做作业），父母必须反应一致地坚持到底，该批评就不轻易原谅，该惩罚就不心软，让孩子知道违反约定的后果。

四、肯定进步，接纳不足

家长要善于发现孩子的积极变化，及时赞扬孩子的进步，例如：“今天你不要妈妈陪，主动坐下来做作业很好。”“今天你完全是自己做完作业的哦。”奖励孩子取得的好成绩时，不要强调结果，而应赞扬过程，让孩子意识到自己的努力和达到目标的步骤，帮助孩子认识和拓展自己的能力。“记得你第一次做这种作业时有多困难吗？现在容易多了！”这比笼统地夸赞“你真是小天才”好得多。物质性的奖品不一定有效，但是父母和子女共同分享的美好经历，例如亲子共游、和爸爸一起打篮球等，则特别有效。

接受孩子的不完美。功课不一定每次都要写到超级棒，只要孩子认真、尽力就好。学校所教的课程，不可能都是孩子感兴趣的，不能要求他科科都优秀。在孩子学习某科不太顺利时，替他创造一些成就感，闲暇时的兴趣活动也能为他创造出“我很棒”的感觉。和孩子分享自己读小学时的想法和经验，对孩子会有启发。

批评孩子要有建设性，就事论事。“你用的方法对了，但是再检查一下，就可以纠正这几个错误”比骂他“你怎么老是这么粗心”更容易让孩子听进去。对事不对人，让孩子知道，批评不代表你对他的爱减少，只表示他的行为方式有所欠缺。

关键词 寓教于乐

玩耍也是一种学习

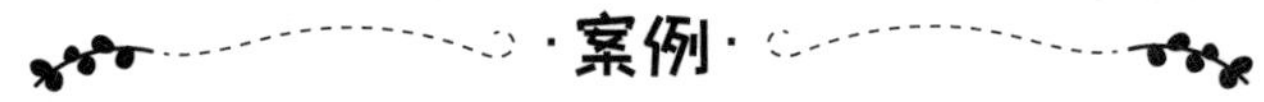

·案例·

天气好冷，外婆家门前的一个低洼地里结冰了，小雨很感兴趣，妈妈便提议："玩冰去！"小雨高兴得手舞足蹈。

妈妈先带小雨去河里找冰，小雨发现太阳照射到的河中央没有冰，太阳照不到的河边结了不少冰。妈妈递给他一根小树枝，小雨用它轻轻地在冰面上拨动，拨到哪里，冰就碎到哪里。小雨觉得真好玩！

妈妈让小雨继续去找冰，他在一口露天的大水缸里找到了冰，用小树枝去搅动，冰没有破。小雨又换了根大树枝去搅，还是搅不动。大水缸旁边有一些小石子，于是小雨拿起小石子去砸冰，冰仍然没有破。最后他搬起一块小石头，使劲砸，冰终于破了，溅得小雨满脸都是水。妈妈被逗得哈哈大笑。

小雨知道了，冰的下面原来是水。可为什么河面上的冰薄，缸里的冰却厚呢？妈妈说:“冰冻三尺，非一日之寒。水缸里的冰因为照不到太阳，几天下来，就很厚了。”

小雨边玩边想，边想边问，玩冰让他懂得了不少知识，知道了温度低于0℃水就会结冰，高于0℃冰就会融化；要使冰化得快一点，可以加点热水，或把它砸碎。为什么碎的冰也化得快呢？他还为此请教了爸爸，爸爸说冰碎了以后它的表面积就增加了，这样便于接受更多的热量，所以化得快。

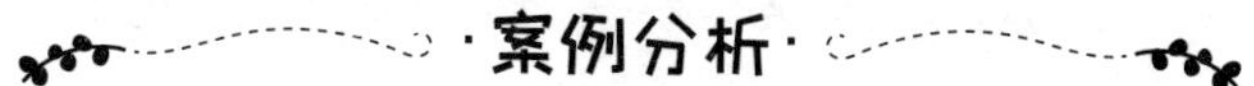

·案例分析·

爱玩是孩子的天性，各种形式的游戏是孩子们快乐童年最主要的活动，也是他们认识世界的最佳途径。小雨和妈妈一起去玩冰，妈妈引导儿子在玩耍中仔细发现、深入思考、积极提问，透过表面现象，了解科学知识，让玩耍变得更加有意义。

在这个过程中，小雨的动手能力、观察能力、思考能力等都得到了发展和提高。这种家长“寓教于乐”、孩子“寓学于乐”的方式，可谓事半功倍，值得提倡。

其实，教育界早已经认识到了寓教于乐的重要性。英国的中小学生在学校就有一半时间是在做课堂游戏，通过游戏学习知识，即“在玩中学，在学中玩”。教师也不过分看重学生的考试成绩，而是想方设法打开学生的思路，活跃其思维，培养其自信心。在游戏中使孩子的各种能力得到培养，为其适应将来的生活和工作做准备。

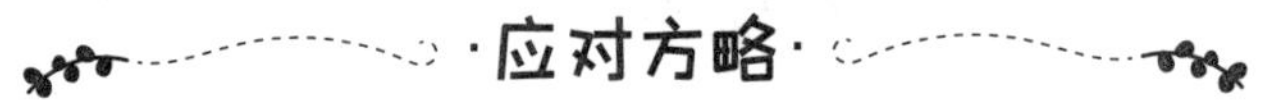

·应对方略·

一、正确认识学习和玩的关系

父母常斥责孩子贪玩，认为“玩”和“学”是互不相容的。其实，有益的玩就是学习，科学的学习就是玩；玩可以促进学习，而游戏化的学习让孩子轻松愉悦。玩耍需要动脑、动口、动手、动脚，有助于提高注意力、观察力、想象力、模仿能力、创造能力、思维能力、实践能力、解决问题的能力和肢体协调能力。说玩耍能促进大脑发育，有利于开发智力，并非夸大其词。同时，在玩耍的过程中，孩子可以学会遵守规则，懂得合作谦让。

父母要顺应孩子的天性，多鼓励孩子尝试各种游戏，因势利导，循序渐进，指导他边玩边学，在玩中学，在学中玩。在玩耍中教会孩子发现问题、主动思考，遇到疑问和困难时，能及时向师长请教。在玩耍中接受教育，领悟游戏中的道理和知识，充分感受学习的乐趣，激发孩子学习的积极性。这样把玩和学融为和谐的统一体，使孩子在良好的情绪中，获得美好的人生启迪，健康快乐地成长。

二、将快乐融入孩子的学习过程

玩耍和快乐紧密相连，快乐能使人产生积极向上的动力，留下深刻美好的记忆。把快乐玩耍和自觉学习串联起来，孩子自然就乐于学习。

游戏是孩子的最爱，父母和孩子一起做游戏是双方进行直接情感交流的过程，也是发现孩子兴趣、能力和不足的方法。在游戏玩耍中自然渗透知识传播、智能培养，这种亲子教育寓教于乐，寓教于玩，非常直观形象，效果极佳。

游戏的素材不拘一格，在外可以是小区里的游乐健身器械，也可以是大自然中的山河、田野、动植物；在家可以是玩具用品、身边小事，也可以是寓言故事、电脑电视。通过游戏和情景模拟的方式使孩子熟悉内容，获得知识，培养学习兴趣。

家长可以设计一些符合孩子年龄特点的游戏，例如识记生字时玩“贴贴乐”游戏，让孩子把生字卡片“对号入座”贴到相应物品上，将形象物体与抽象汉字建立起联系。教孩子阅读书籍时，采用“亲子互动阅读”的游戏方式，激发孩子阅读的兴趣。又如对《渔夫和金鱼的故事》进行情景模拟，孩子演老太婆，爸爸演老渔夫，妈妈演小金鱼。轮换角色演过几次，孩子不但能牢记故事内容，熟背精彩句子、段落，了解中心思想，还能自编自导发展出其他结局。

三、乐学过程中及时小结交流

孩子良好的思维习惯还未稳固，知识量不够，知识面不广。在玩耍和学习的整个过程中，家长要随时告诉孩子其中蕴含的知识，并详细解释，新旧联系、举一反三；引导孩子学会思考，产生探究的意识。经常和孩子一起回顾前一段时间的收获并设定下一阶段的目标。通过长期积累，帮助孩子建立良好的学习习惯，锻炼思考能力。

关键词 专注、细心

我的女儿太粗心

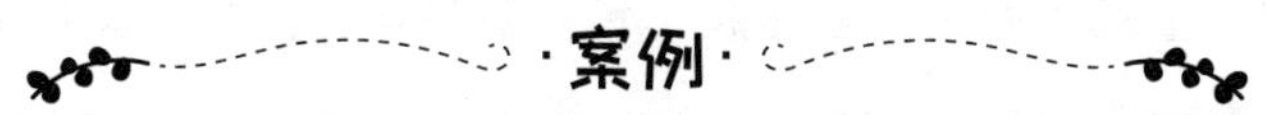

·案例·

小熹爱学习，在家做作业十分自觉，从不拖拉；上课认真听讲，积极发言；自习课写作业时，小熹速度很快，每次总是头几名把作业交给老师。可是她的作业质量却不高，明明答案要求写三个字，可她只写两个字。做算术题时也常看错计算符号或剩下半道题没做；列竖式算对了，可把答案搬到横式上时，却出了差错。考试时往往难题都做对了，却栽在最基础的题目上。

这让妈妈不知如何是好：你说她不会吧，难题都能做对；你说她会吧，总不能取得理想的好成绩。应有的水平得不到正常发挥，小熹自己也非常难过。妈妈认为这是由于女儿太粗心大意，一再提醒她做事要细心，可没有什么效果。

·案例分析·

小学生，尤其是低年级的孩子，知识结构尚未形成，检查、判断能力较差，作业出错的偶然性和随意性很大。他们又是依赖家长的“眼睛”看自己，若家长经常埋怨孩子粗心，孩子受到心理暗示，也会认为自己就是粗心，一到做作业、考试，思想集中于“千万别粗心”这个念头，分散了对题目本身的注意，结果反而是越紧张越出错，效果适得其反。父母渲染粗心的严重后果，不仅不能解决孩子粗心的问题，还会强化孩子内疚、惊慌、恐惧的心理，形成自我否定的消极心态。

心理学研究表明，细心作为一种个性特质，和先天气质类型有关，不是提醒几次就能形成的。要让孩子细心起来，需要长期培养，不可急于求成。而且细心也是有尺度的，如果过分细心甚至谨小慎微，也会产生心理障碍。所以，对于小学低年级孩子的粗心，父母不必过分在意、过多批评，让他再做一次，做对就行了，重要的是教给孩子反思和改错的方法。此外，孩子出错也并非都是粗心，可能是注意力分散、心不在焉；或是方法不对、习惯不良，甚至是学习疲劳、身体不适。对此种问题用“细心”来教育是不起作用的。

·应对方略·

一、帮助孩子养成细心的习惯

“细心”虽与性格有关系，但也是一种习惯。坚持帮助孩子养成好习惯，才能真正解决孩子的粗心问题。

家长应根据孩子的年龄阶段，教给孩子可操作的学习方法：怎样听课、复习、做作业、答卷，怎样拼音、背诵、解题、写作文。要特别关注孩子在家完成作业的情况，指导他按老师要求自主完成任务，学会读清要求，理解要求的意思，并按要求内容逐条完成，不打折扣。

小学阶段，听、说、读、写、算都有明确而规范的要求。比如，书写要横平竖直，要注意间架结构；计算要掌握法则，要做到熟练口算；阅读要重视认读，要坚持“不读懂不做题”等，这些学习要求的落实都需要经过长期严格的训练。有了这样的训练，孩子的基础知识和学习能力才扎实，才不会让粗心有空子可钻。

要培养孩子“按部就班”的习惯，告诉孩子学习应该是细致有序的，任何一项学习任务都需要有条不紊地去完成。在日常生活中也要养成“有序”的习惯，不丢三落四，不乱扔、乱放物品。

要培养孩子“自觉检查”的习惯。作业完成后都要检查一下有没有错漏。考试时，每做完一题都“回头”再看一看、想一想，确认一遍。一位家长发现孩子做题“直线向前，义无反顾”，根本没想到还需要检查。家长查出错误，他愿意改，可自己从不会主动发现错误。对这样的孩子，可要求他放慢做题速度，必须做一道检查一道，确信没错再做下一道。

要引导孩子“及时总结”。孩子一旦有了进步，家长要和孩子一起总结收获，让他认识到，自己的细致用心是顺利完成任务的重要因素。在交流的过程中，要帮助孩子抓住细节，归纳适合孩子的方法，引导他形成一套属于自己的细心的学习方式。

二、训练细心习惯的方法

培养孩子细心做事的方法要多种多样、不断更新，一种办法不见效，就不要重复使用，赶紧试试新策略。

1. 把做功课的“时间”化成功课“量”

一位妈妈发现女儿粗心的原因是没把心思放在功课上，规定她做 1 小时作业，她会不停地瞄时钟；嘱咐她“再做 20 分钟就可以去玩”，她就泡时间，20 分钟写了一行字，还错了两个；要是动画片快开始了，她就更加心神不定，导致作业错误百出。有一次，妈妈把督促她学习的条件改为“再做 5 道题才能玩”，结果她 5 道题做得有质有量，只用了 23 分钟。

妈妈由此找到了纠正女儿写作业粗心的诀窍：化时为量，把“再做多少分钟”，改为“再做几道题”。

孩子就从“必须忍耐多少分钟”的消极状态，转变为“快把这几道题做完”的积极状态。这种积极状态能帮助孩子集中注意力，在不知不觉中改掉了粗心的毛病。

2. 利用“目标倾斜”原理，纠正作业粗心的毛病

一位爸爸发现儿子的粗心总发生在爱看的节目和规定的作业时间冲突时，这时，即便关掉电视或反复提醒他细心也无济于事，因为他的心不在作业上。爸爸想起心理学“目标倾斜”原理：人们努力工作的前方应安排有“快乐的报酬”。“目标倾斜”表明，人在接近目标之前的时刻，工作学习的效率会显著上升。这位爸爸就把儿子的作业时间定在他想看的节目播映前的1小时里，效果很好，即使作业量比平时多，他也能高质量地完成。这是“先苦后乐”的“目标倾斜”，倒过来，“目标倾斜”还可以“先乐后苦”。如孩子已经开始看电视了，强迫他去做作业，他肯定不乐意，不如允许他看完电视再做作业，但要保证按时按质完成。于是孩子心定了，高高兴兴地看电视，安安心心地做作业。

3. 采取“好好玩耍，好好读书”的模式

一位爸爸从资料上看到某地兴起“好好玩耍，好好读书”的教育模式，就让孩子自主拟订游戏与读书计划。虽然孩子拟订的计划几乎都是先玩再做作业，但结果是作业粗心现象大有改观。

三、针对出错原因采取措施

帮助孩子分析粗心的原因，对症下药，有助于从根源上解决问题。一个女孩数学考砸了,大哭一场。爸爸问女儿:“你为自己的粗心痛惜时，有没有想过为什么那么粗心？”分析下来有这么几个原因：①粗心和知识掌握不扎实有关，乘法口诀还没形成条件反射，所以，要把基础知识熟练掌握到能自动反应的程度，粗心会大大减少；②粗心和习惯有关，平时做作业潦草、马虎，粗心惯了，考试时犯老毛病，所以，平时不粗心,考试才能不丢分；③粗心与性格有关,满不在乎、大大咧咧的性格有可爱的一面，但反映在学习上，就容易增加失误，所以，要学着做事稳重些、周到些、细致些。

有了认识还要有实践，爸爸安排女儿做一些需要耐心的事，比如枯燥、简单的劳作等，督促她提高平时作业的质量。还教给她预防粗心的技巧，如写张“提醒条”放在书桌上；复查时用反向代入法检验；编一本错题集，了解自己易出错的地方,重点检查。几项措施并举,效果明显。小学毕业考试,这个女孩获得了优异的成绩。

一位妈妈发现，女儿作业前半部分质量好，后半部分字迹潦草，错字别字很多。她认为这不是由于粗心，而是疲劳导致学习能力减弱、效率降低、错误增多。若适当休息，疲劳得以解除，学习“引擎”再度启动，效率提高，粗心问题便能解决。妈妈想方设法帮女儿缓解身体疲劳和心理紧张，学习时，每隔 40 分钟休息 5 ~ 10 分钟，要求女儿离开书桌，玩玩吃吃喝喝，最好忘掉功课。此法不仅解决了女儿粗心的问题，还让她的视力也有所提高。

关键词 归纳错题

大有裨益的错题本

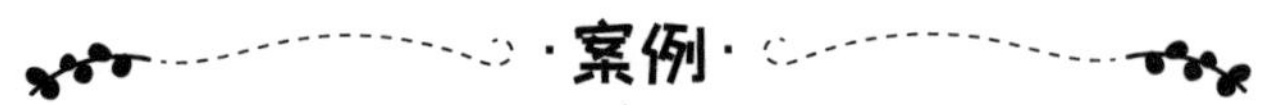

·案例·

学校举行数学单元测试，放学时，妈妈迫不及待地问小明考得怎么样。望着妈妈满怀希望的脸，小明支支吾吾地说："回家……再给你看吧！"妈妈看他垂头丧气的样子，心里明白了，回家又问："是不是考得不太好？把试卷给我看看！"小明只得磨蹭着从书包中拿出试卷。妈妈一把夺过去，鲜红的"82"分映入眼帘。她越看越生气："怎么回事，这道计算题又忘了进位！这道应用题，不是前两个星期就做过类似的题目吗？当时不是都教会你了吗？你怎么做过就忘记了呢？你的记性怎么这样差呀？以后升上高年级怎么办？"妈妈喋喋不休地数落着，小明在一旁耷拉着脑袋半句话也不说。

·案例分析·

学什么忘什么，小明似乎记性有点差。很多家长也经常有这样的烦恼：孩子题目做错了，都是在家长的指导下全部订正了才交给老师的，当时应该理解掌握了；可是过了一段时间后，那些学过的东西却好像长了脚一样又从孩子的脑袋里溜走了；等到考试时，已经做对的题目、曾经熟悉的内容又出错了。为什么呢？

在这些错题的背后，往往是知识漏洞没有得到及时的整理和复习，孩子对难点没有真正突破，问题没有全部弄懂，知识没有扎实掌握。小明的根本问题不是记性差，而是忽视了针对性复习，学习成果没有得到更系统、更扎实的巩固。

“艾宾浩斯遗忘曲线”表明，人的记忆是有一定规律的，刚学的东西记住了，遗忘也就开始了，遗忘速度由快到慢。所以一定要及时复习，经常复习。如果忽视这种规律，像小明妈妈那样，只看到当时的记忆效果，满足于孩子当时学会了、做对了，却忽视了后期的保持和再认，忽视了有针对性的知识梳理和难点突破，那么记忆和理解都难以取得良好的效果，学习的效率也会大打折扣。

·应对方略·

针对一些容易出错的学习内容，如何学得更扎实有效呢？家长要指导孩子学会归纳、整理错题，建立错题本，开展有针对性的复习是解决这一问题的最佳措施。

一、了解并建立错题本

错题本上不仅仅是做错的题，还包括容易出错的题、难题和典型题等，是对知识的梳理，是重点、难点、要点的集合，是系统学习基础上的重点解析。建立错题本使得学习重点更突出，复习更具针对性，是提高学习效率、提升学习质量、夯实学习基础、提高学习成绩的重要手段。错题本的价值主要体现在两个方面：

一是归集学习问题。它连续记录孩子学习过程中的各类错题，完整记录孩子的失分情况，为孩子弥补学习的不足提供具体的方向。抓住了错题，就抓住了关键的丢分问题。如果孩子能利用错题本找出自己的问题和缺陷，认真解决，丢分就会减少，成绩自然能提高。

二是养成良好的学习习惯。收集、整理错题是一个持续的过程，在此过程中孩子通过复习加深对错题类型的记忆和理解，长期坚持就会养成及时复习、总结的良好习惯，而良好的学习习惯是学习能力的重要体现。

二、正确运用错题本

在整理错题本的过程中，家长要指导孩子注意以下几点：

1. 分类整理

将所有的错题分类整理，分清错误的原因，有概念模糊类、粗心大意类、顾此失彼类、图形类、技巧类、新概念类、数学思想类等，并将各题注明属于某一章某一节。这样分类的优点在于既能按错因查找，又能按各章节易错知识点查找，给今后的复习带来方便，同时也简化了错题集。整理时同一类型的问题可只记录典型的问题，不一定每个错题都记。错题本可按自己的风格，活页装订，以便更换或补充。

2. 记录方法

老师讲评试卷和作业时，要注意老师对错题的分析讲解，比如解题的切入口、思路、突破方法、技巧、规范步骤及小结等，同时反思自己的思维过程，分析自己思路错误产生的原因。开始时孩子可能觉得困难，写不出，家长不必要求过急过高，初始阶段让孩子先用自己的话写出小结即可；总结得多了，孩子自然会有心得体会，渐渐认清并扫除思维的种种障碍（即错误原因）。

3. 必要的补充

前面的工作仅是开始，最重要的工作还在后面。对错题本中的错题订正了，也不一定表明这一知识的漏洞已经填补了。对于每一道错题，还必须让孩子查找相关资料，找出与之相同或相关的题型，并做出解答。如果没有困难，说明孩子已经掌握了这一知识点；如果还是不能解决，则说明对这一问题的处理还要再深入一点。因为在下一次测试中，在这一问题上，孩子可能还会犯同样的错误。

4. 错题改编

对于易错的试题，学生要学会做一些改编后的题，这是填补知识漏洞、举一反三的最佳方法。初始阶段，孩子们只需对题目条件做一点小改动，以后逐渐增加改编难度。

5. 经常翻看

整理错题本，要有恒心和毅力，要注意及时整理与总结，更要经常翻看，加以利用。一本好的错题本就是自己知识漏洞的题典，是重要的复习资料，复习时一定要多回头看。最初几天看一次，以后隔周翻一次，再后十天半个月看一次，这种时间间隔安排符合“艾宾浩斯遗忘曲线”，记忆效果很好。家长还应鼓励孩子与同学们彼此借鉴各自的错题本。

关键词 倾听训练

引导孩子学会听

情况一:

课堂气氛很是活跃,一个孩子还没讲完,其他孩子就迫不及待地举起小手,“我来,我来”的叫声此起彼伏。但是,他们都只顾着自己举手、表达,而没有注意倾听别人的发言,以至于一再重复别人说过的话。

情况二:

课堂上常有这样的学生:老师在上面讲,他在下面做自己的事;同学们回答问题,他的心却已飞出课堂;老师反复强调做作业的注意事项,他根本没听进去,作业错误率偏高。

情况三:

睡觉前,妈妈嘱咐孩子:“你先把书包整理好,把红领巾与书包放在一起,再准备好明天要穿的衣服。”孩子点头答应。

可当妈妈检查时，只有书包整理好了，红领巾还挂在椅背上，衣服根本不见踪影。

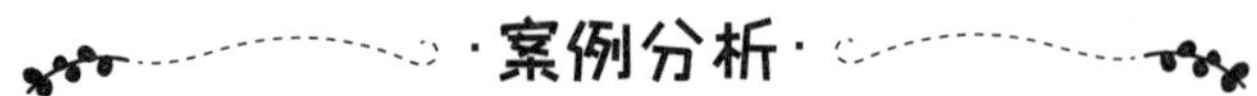

·案例分析·

这样的情况在课堂上和生活中频繁出现，都是由孩子不能用心听引起的。有的孩子从小没有倾听的习惯，只顾自己讲，从不认真听别人在说什么；有的做什么事都心不在焉，听别人讲话时也是心神游移；还有的貌似听得挺认真，其实听而不闻，“听见了”但没“听进去”，没听懂或抓不着要领。案例中的孩子们就是如此。

善于倾听有助于提高语言能力，养成良好的学习习惯和意志品质；倾听也是人际沟通中最富于挑战性的技巧，是一个人不可缺少的修养。家长不要忽视对孩子良好倾听习惯的培养。

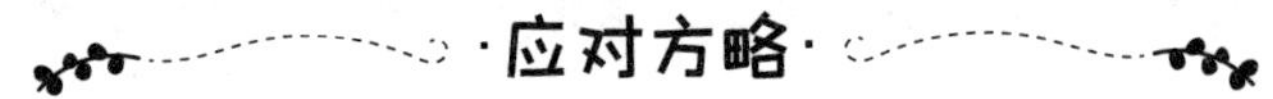

·应对方略·

一、了解孩子倾听能力较弱的原因

1. 家长对孩子倾听能力培养的忽视

倾听是孩子最早的言语活动，许多家长以为听力是与生俱来的，不需要培养。其实“听力”和“倾听能力”不是一回事：只要听觉器官没毛病，人就有听力，听得见声音；而“倾听能力”是细心、认真地去听取，凭借听觉器官接受言语信息，进而通过思维活动达到认知、理解的全过程的能力。倾听不仅是用耳朵来听说话者的言辞，还需要用心去感受对方谈话中表达的言语信息和非言语信息。倾听是学习的重要手段，是人与人交往的必要前提，是人不可缺少的素质。

不少家长一遇到孩子不用心听讲或插嘴的情况，就训斥、责备“大人讲，小孩听”，使孩子失去对话、倾听的欲望和兴趣，变得不爱倾听、不会倾听。家长另一种极端表现就是以孩子为中心，过分顺着孩子的意思，随便他听不听，甚至认为孩子老爱插话是脑子快、勇于表达，不予纠正，致使孩子愈加不肯倾听。

2. 孩子心理特点的局限

孩子年龄小，注意力容易分散，自制力比较弱，缺乏倾听别人说话的耐心，在听的过程中难免会东张西望，做小动作。有些孩子聪明活泼，表现欲特别强烈，在集体中常急于表达自己的想法而打断其他孩子的发言，有时根本没听清楚别人的话或听得不完整。

二、培养和锻炼倾听能力的方法

1. 激发孩子的倾听兴趣

家长可以通过游戏、故事等培养孩子的倾听兴趣。选择的故事和谈话内容要符合孩子的发展水平，形象生动，富有趣味性。大人讲故事声音要抑扬顿挫，并利用手势、表情、动作等来调动孩子倾听的积极性。可以带孩子到大自然中，聆听各种美妙的声音：淙淙的流水声、哗哗的海浪声、呜呜的风声、呼呼的松涛声、清脆婉转的鸟语、淅淅沥沥的雨声……所有这些，都能让孩子心旷神怡，萌发倾听的欲望和兴趣。也可带孩子倾听各种交通工具的声音，并让孩子描述火车轰鸣声、飞机呼啸声、自行车叮当声，闭眼分辨大卡车、小轿车、电动车的声响。孩子会发挥想象力，借助肢体动作，绘声绘色地模仿。

2. 加强日常的倾听训练

倾听是一种学习技巧，家长要根据孩子不同年龄阶段的身心发展特点，在日常生活中循序渐进地训练孩子的倾听能力。“提问”是培养倾听习惯的有效方法。在听一个故事、一段音乐之前，家长可以提一些相关的问题，让孩子带着问题去听、仔细听。然后与孩子交流：“你听到了什么？说给爸爸妈妈听好吗？”先一句一句地说，再说一段话，最后讲完整的故事。让孩子一边看绘本图书，一边听家长讲解，然后让孩子说出主要内容和一些细节。孩子带着问题听，知道必须认真仔细地听才能获得必要的信息，才能做出正确的回答。

对孩子倾听提出要求。要求孩子听别人说话时，要聚精会神地听清楚，听明白；别人还没讲完，不要打断别人的话急着发表自己的看法；听完以后再想一想，他说的或问的是什么。如果自己没有听清楚，可以再问一问；如果听清楚了，再说出自己的意见。让孩子明白，要集中精力细心地听，参与到讲话者的思想里去。

倾听有外部表现。让孩子与人交谈时做到：身体前倾，眼睛看着对方，表示对谈话感兴趣；要“所答即所问”，这表示你在与人交流；在倾听的过程中，适时加上自己的见解；以头部动作和丰富的面部表情回应说话者。

3. 重视课堂听讲的效率

家长最关心孩子在课堂上能否专心听讲。古人把听讲分为三等：上等的是入神地听，中等的是用心地听，下等的是马马虎虎地听。为了帮助孩子提高课堂听讲效率，家长可以在每天放学后和孩子交流一天学习所得，让他知道只有上课认真听讲了，才能学到知识、发展能力。

年龄较小的孩子回答家长的问题时，起初会就事论事，父母问：“今天老师教了什么？”“今天你学了什么？”孩子往往只说老师教了几个生字，讲了几道题。父母可继续问：“老师对这些字有什么要求吗？”“这几个字和昨天学的字相像吗？”“今天的作业和老师讲的题有什么关系？”孩子要是答不上来，就表明他还不会“听课”。如果家长耐心引导，孩子很快就能学会。家长可以和孩子约定，每天回家讲一讲课堂学习的某一项内容，督促孩子认真听讲。孩子讲述听课内容比较到位，就表扬鼓励，激发孩子逐步养成认真听讲的习惯。

三、发挥言传身教的作用

要养成孩子的倾听习惯，家长必须做出善于倾听的示范。在孩子倾诉心声时，家长要认真倾听，不管他说什么，有没有价值，哪怕说得结结巴巴、慢慢吞吞，都要耐心听完，不要随意打断孩子的话；不能心不在焉，例如一边看报纸一边敷衍孩子，或是随意拍拍孩子的肩膀以示“我知道了”，然后继续与他人高谈阔论。

不论孩子的话题多么简单，都应以目光、手势、语言来传递听到的感受，让孩子觉得家长在认真听，在关注他。当孩子讲述自己的见闻或学校生活时，家长必须面露恰当的表情，用眼神告诉孩子你很感兴趣，同时帮助孩子把话说清楚，为他的讲述喝彩，表示欣赏他的讲述。

倾听能力是发展口头表达能力的前提，是获取知识的主要途径，是人的基本素养。家长应注重培养孩子的倾听能力，让孩子乐于倾听、学会倾听，这样他将受益终身。

孩子怕写作文怎么办

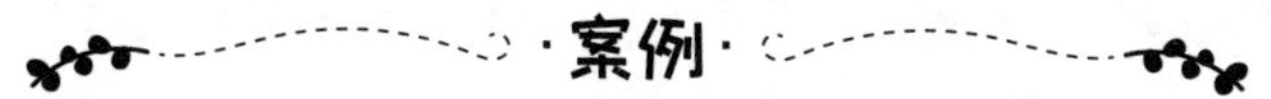

·案例·

六年级的小涵是个聪明机灵的孩子，喜欢数学、科技制作等，就是不喜欢作文，一有写作文的作业，就焦虑地问父母该怎么写。父母不给指导，他就在书桌前抓耳挠腮。时间一分一秒地过去，本子上还是没有动静。快到睡觉时间了，他才开始慢吞吞地写起来，一边写，还一边擦。好不容易停下笔来，父母一读，篇幅很短不说，东拼一句，西凑一段，关键是缺乏生动具体的描写。这样交上去肯定不行，父母只能陪着，教他一句句地写。

小涵的父母花了很多心思，想培养孩子写作文的兴趣，双休日带他去攀岩、划船，他玩得很高兴。回来让他写一篇日记，他极不情愿："我就知道你们是有目的的！"暑假带他去看海，回来后让他把看海的感受写出来，他却说："如果你要我写作文，我就再也不跟你们出去玩了！”

案例分析

小涵的写作过程看来是家长口授、孩子听写。一次次地，作文交上去了，孩子却没学会怎样写，还对父母形成了依赖，一旦不指导就不知如何下笔。家长虽然努力创设条件，想激发孩子的写作兴趣，但目的性太强了，简单地将生活与写作捆绑在一起，没有真正发挥“在玩中学”的功效，反倒给孩子的快乐活动套上了沉重的枷锁。孩子因为不会写、写不好，也就越来越怕写作文。

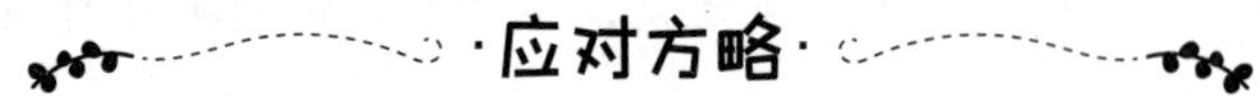

应对方略

一、多观察，积累写作素材

孩子怕写作文，写不出作文，很大程度上是由于缺乏对生活的观察，缺乏经验积累。其实，作文的材料就在我们的生活中。每天，我们会碰到许多人，遇到许多事，家长要善于引导孩子去体验、感受、认识生活，要注意留心观察，不断得到作文的新鲜材料。

生活中，可以引导孩子观察家长做家务，如炒菜、拖地，先做什么再做什么，动作是怎样的，按顺序讲述或记录。可以让孩子观察自己的同学、熟人等。观察时要抓住对象的特点，比如观察宠物，要注意其外形、动作和叫声，掌握其生活规律和饲养要点；观察家中和户外的植物，要看清它们的大小、颜色、叶片、根茎、花朵和生长环境，了解其作用；观察人物，要观察人的形体、相貌、服饰、说话、行事，弄清人物的年龄、身份和关系。还可以陪孩子一起旁观人们的交往，也可以主动前去攀谈。

边观察边思考很重要。观察人物的表情、动作，揣测人物的思想、性格。带孩子去公园划船，引导孩子留意“今天的天气怎么样，从哪里看出来的？”“怎样划，船才会更稳当，动得更灵活？”等。引导孩子在观察的过程中悟出些道理来。

关键还要让孩子把观察到的、联想到的说出来，家长边听边给一些提示。坚持做这样的练习，孩子会观察得更细致，积累下丰富的素材，写作时就有话可说了。

二、多读书，奠定写作基础

读书好比蜜蜂采蜜，只有采很多花，才能酿出更多更好的蜜。小学生见识少，要不断扩大知识面，就要广泛阅读各种各样的书刊，天文、地理、历史、生物、文学、艺术等常识都要知晓一点。读得多，得到的知识就多，懂得的道理也多；

同时，接触的题材、体裁、风格、写作方法也越多。从知识和技巧两方面为写出好作文奠定基础。

1. 阅读中的领悟很重要

一本书或者一篇文章读过之后，能领悟到些什么呢？读书一定要伴随着思考，“学而不思则罔，思而不学则殆”，只有一边读一边想才能真正有收获。

2. 边读书边动笔

虽然随意翻翻读着玩也是好的，虽然有了绘本、电子图书和网上阅读，“不动笔墨不读书”已非戒律，但要提高阅读效率，还是需要边读书边动笔。家长可让小学中高年级的孩子准备阅读摘录本，将所读文章中精彩的片段分门别类地摘记下来。写景的片段，可按季节分类摘录，也可按早、中、晚不同时间分类摘录，还可按晴天、雨天、下雪、刮风、起雾等不同天气情况分类摘录。写人的可按性别、年龄、表情、动作分类摘录。对于写法，也可做分类摘录，如文章好的开头、好的结尾、生动的句子等。写满一本以后编上目录，以备今后查阅。

家长对孩子的阅读笔记可经常查阅，多加鼓励，使孩子的这项活动能持之以恒地进行下去。

3. 仿写是写作的起步

仿写是学写作文的有效方法。课文、报刊上的优秀文章、课外书中的段落都可以是模仿对象——模仿结构的安排、素材的选取、修辞的运用，孩子容易上手，慢慢再过渡到有自由意志的创作。鉴于当前社会上抄袭之风甚盛，所以家长要告诉孩子仿写不能整段抄袭，不能把他人的文章当作自己的作文。

三、多练笔，逐步提高写作水平

1. 鼓励孩子表达

作文其实就是用文字说话，家长要多和孩子聊天，启发和引导孩子打开思路，组织自己的语言，准确地表达自己的感受。说了就写下来，哪怕是遇到的小事，开心的或不开心的都行；字数不限，可以是一句话，可以是一大段，各种形式都可以。不要批驳孩子文章的内容，写作的本质是真实。孩子刚开始学作文时，家长一定要鼓励他写出内心的真实想法。至于选择文体、遣词造句的能力，是逐渐培养起来的。

2. 提倡先说后写

起步阶段的孩子怕写作文是很正常的，可以先让他说，怎么想就怎么说。孩子在轻松的状态下常会说得绘声绘色、妙语连珠，家长一定要及时肯定。紧接着就可以启发孩子：写作其实很简单，就是把自己想说的写下来，怎么说就怎么写。最初不妨由孩子口述，家长帮助记录。记录过程中家长不必急于动手修改或提出修改意见。等完成初稿后，家长再和孩子一起读稿，修改那些不如意的地方，定稿后再让孩子自己誊写。这样，写作文的难度变小了，孩子说得顺了，写得也容易了，他们的信心自会增强。

3. 循序渐进地练习写作

不要急于写完整的作文，可以从写一段话练起，比如围绕“今天天气真热”“下课了，操场上真热闹”“今天我特别高兴”写一段话，让孩子联系生活中观察所得，把话写得翔实、生动。孩子遇到困难的时候，家长可以指导、提示。这样从段入手，既降低了难度，又能把内容写得更具体。坚持一段时间后，孩子对写作文也就不再怕了。这时再由段入篇，逐步开始写完整的习作，写命题作文、自由作文、材料作文。从扶到放，家长的指导慢慢减少，孩子的书面表达能力逐步得到提高。

在这样的练习过程中，家长的及时鼓励和肯定显得尤为重要。只要孩子能努力地把作文写出来，而且乐意去写，就应该给予肯定。若发现作文中有写得精妙之处，那就更要大加赞赏。有心的家长还可以把孩子的习作变成空间日志、微博，或打印成册、精美装订，甚至投稿，由此给孩子带来的鼓舞和成就感将激励他更加热情地投入写作。

关键词 阅读习惯

让孩子爱上阅读

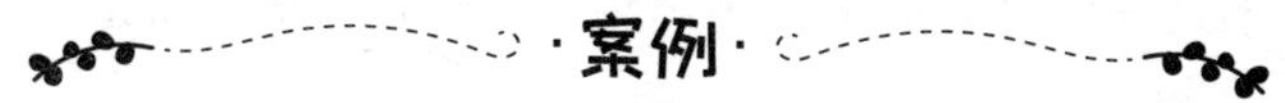

二年级的浩浩每天放学回家完成作业后，不是斜靠在沙发上看电视，就是趴在电脑前上网玩游戏，从没见他安安静静地读完一本书。为了培养浩浩的阅读习惯，妈妈不仅买了很多书，还专门为他准备了一个书房。

晚饭后，妈妈就对浩浩说："去读书吧，给你买了好多书你还没读过呢。"然后妈妈打开电视机，津津有味地看了起来。浩浩在书房里待不了10分钟，一会儿出来喝水，一会儿去上厕所，一会儿找借口看一看电视。妈妈非常生气，斥责他，他理直气壮地说："为什么你可以看电视，我却必须看书？"

妈妈也觉得自己做得不够好，便坐在浩浩旁边，陪浩浩看书。浩浩似乎也能静下心来看书了，阅读时间也比原来长了。但一本书，他三下两下就翻完了，嘴里直叨叨没意思。

看到孩子提不起读书的兴趣，妈妈真的无奈了。

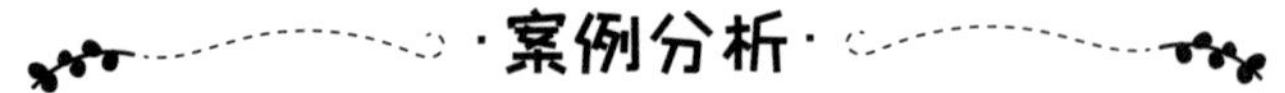

·案例分析·

如今的孩子是在电视、电脑等电子媒介伴随下成长起来的一代，与在印刷媒介环境中长大的父辈相比，行为方式与心理模式都大为不同。想把浩浩从电视、电脑的诱惑中拽出来，不是一件容易的事。妈妈买书、布置书房，给浩浩的阅读提供了很好的硬件条件，但这些是远远不够的！想培养孩子的阅读兴趣和习惯，妈妈自己就应该有对书的热爱和经常阅读的习惯。不爱读书的人无论怎么威逼利诱子女去看书，都带有强烈的功利目的，这很容易导致孩子对读书产生抵触的情绪。

父母在旁陪读，不仅仅要“陪”，更要“引”：指导孩子怎样读书，回答孩子的问题，自己也提出问题，进行亲子交流，共同得出结论。浩浩妈妈只是身子坐在儿子旁边，心思并没有花在引导他读书上，因此依然难以解决问题。

·应对方略·

如何能让天性好动的孩子坐下来专心阅读呢?

一、创设良好的读书环境，激发孩子的阅读兴趣

要让孩子爱看书，家长应带头看书，给孩子做表率。如果一吃完晚饭，家长就看电视、玩游戏或搓麻将，而吩咐孩子去看书，那孩子是没心思阅读的。家长空闲时，应看看文学性、知识性较强的书报、杂志。还可以在孩子的床头桌上、客厅的沙发上，看似无意其实有心地放一些适合孩子的儿童读物，让他随手都能拿到书看。有了良好的阅读氛围，孩子耳濡目染，渐渐就会把阅读当成生活的一部分。

二、选择合适的书籍，培养孩子的阅读习惯

在孩子学会认字之前，或认字不多的时候，可以看一些绘本漫画书和笑话书，带插图的童话书也比较合适。如果有了一定的阅读能力，应尽量选些可读性强的内容，如探险、科幻、动物故事等方面的书籍、期刊。所读书籍应以趣味性、知识性为主。

在孩子养成了良好的阅读习惯后，家长要帮助他提高所读书籍的品质，多读“营养价值丰富”的书籍，有意识地鼓励、

引导孩子读一些名家名篇。古今中外著名作家的优秀作品经历了时间的考验，是人类文化的精华。法国著名科学家笛卡尔说：“读一些好书，就是在和许多高尚的人谈话。”孩子阅读名作，能够通过作品打破时空界限，与优秀的作家、思想家等携手共游，进行精神的对话，是一件非常快乐的事情。

三、与孩子多交流，引导孩子边读边思考

家长给孩子讲一些有趣的故事或科学知识，可以讲完，也可以只讲一部分。孩子有兴趣时，家长说明是从哪本书上看到的，然后推荐他自己去看，孩子就会自己找书看。接着，与孩子一起交流读书的方法和心得，鼓励他把书中的具体内容复述出来，把自己的看法和观点讲出来，然后一起分析讨论。还可以提出一些问题，让孩子带着问题去阅读，这可以提高孩子阅读的目的性。经常这样做，孩子的阅读兴趣就会变得更加浓厚，阅读水平也将逐步提高。慢慢地，孩子就会养成边读边思考的习惯。

四、指导读书方法，提高孩子的阅读能力

阅读需要积累。家长要鼓励孩子养成定时读书的习惯，如果每天有半小时读课外书的时间，天天坚持，日久天长定会收获丰富。

古人讲："不动笔墨不读书。"就是说，要在读书的过程中，写一写，记一记，这样可以留下在阅读中思考的印记。笔记的形式、长短可以不限。长期坚持做读书笔记，孩子能拓宽知识面，提高阅读理解能力和表达能力，读写结合直接促进作文水平的提高，在读、思、记中提高综合能力。

关键词 口头表达

打开“闷葫芦”

·案例·

程程上课从不举手发言，每逢老师提问，他就低头垂目，生怕叫到自己。如果被老师点到名了，他先是一惊，再慢吞吞地站起来，然后结结巴巴地朗读或犹犹豫豫地回答。

要组建假日小队了，同学们自动分成几组，七嘴八舌地商量活动内容和形式。程程一个人站在旁边，默默地搓着衣角。老师问他怎么不参加讨论，他“嗯”了几声，半天没说出话来。老师把程程分到一个小组，他还是一言不发。

妈妈在学校开放日去儿子班里听课。程程紧张得浑身不自在，被老师叫起来复述课文，他讲得断断续续、颠三倒四。

一下课，妈妈就把儿子骂了一顿：“你怎么这么不争气啊？别的同学都抢着举手发言，你却像个闷葫芦！这篇课文昨晚我不是和你一起预习过吗？你倒好，肚子里有货倒不出来！

把我的脸都丢完了！你这样，老师会喜欢你吗？同学们会看得起你吗？”

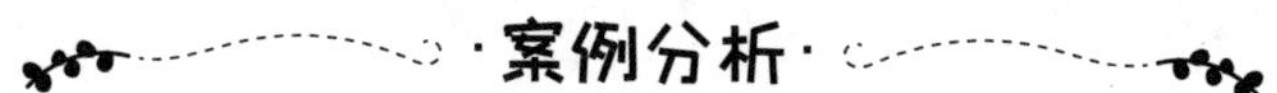

·案例分析·

程程不敢当众发言，也不善于表达，反映出他缺乏自信和勇气，口头表达能力较差。妈妈做出的反应是不可取的：一是当众责骂、贬低孩子，严重损害孩子的自尊、自信；二是用言语刺激，想用“老师不喜欢、同学看不起、妈妈丢面子”来刺激孩子改正缺点，但这只会引起孩子的焦虑和惶恐，使其更加自卑。责骂、羞辱对于孩子表达能力的提高不但无助，反而有碍。

父母想让孩子敢于表达、善于沟通，首先要了解孩子羞于开口的原因，然后有针对性地帮助孩子进行口头表达训练。

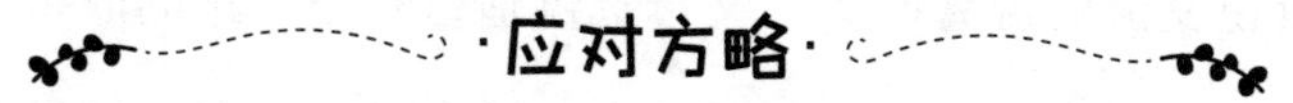

·应对方略·

一、重视孩子口头表达能力的培养

语言是人类社会交往与思维最主要的工具。儿童掌握了语言，学会运用语言进行听说读写，来和他人沟通，表达自己的情感和意愿，认知和探索周边世界，才能顺利学习、成长。

有的家长对培养孩子的表达能力缺乏认识。案例中程程的爸爸常年在外地打工，妈妈一个人忙里忙外，顾不上多陪孩子说话，也根本没有帮助孩子培养表达能力的意识。也有家长以为“说话谁都会，长大了慢慢就会说清楚了”。其实儿童表达能力的发展是有关键期的，幼儿期和儿童期是发展口语的最佳时期，如果不在这个时期加强训练，就会影响孩子口头表达能力的发展。

二、给孩子创造发展口头表达能力的机会

儿童的口头表达能力是在与他人交往和主动运用语言的过程中发展起来的，家长要提供让孩子多听、敢说、愿说、会说的宽松环境和表达交流的机会。

1. 引起说话的兴趣

最简易有效的办法是用有趣的故事激发孩子听和说的兴趣，作为训练口语的切入口。可以把每晚睡前 20 分钟变成亲子听说交流的温馨时刻，父母选讲适合孩子水平的故事，讲的过程中碰上较深的词句或道理，适当做些解释。如果孩子发问，就表扬他“不懂就问”的好习惯。父母讲完后，让孩子讲给父母听，从复述到改编，从听故事、讲故事上升到编故事。顺口溜、儿歌、笑话、看图说话，也是孩子的最爱。也可通读一首古诗词，要求孩子第二天背给全家人听。

可以利用散步、睡前时间做你一言我一语的语言游戏，比如词语接龙，同义词、反义词抢说，组词组句，词语修饰等。还可开展家庭成语接龙比赛、家庭演讲比赛、猜谜语比赛（用儿歌做谜面）等，使孩子觉得学习语言是一件很有趣的事，培养他对语言的敏感和兴趣。

2. 多让孩子说话

研究表明，如果家长在孩子童年时代，把孩子当作大人一样，经常和他聊天、探讨，甚至争论，在这种环境下成长起来的孩子，将比那些由“沉默是金”的家长陪伴成长的孩子，拥有更丰富的词汇量，更清晰、多样的表达方式。

家长要主动与孩子交流，多让孩子开口。在回家路上让孩子讲讲学校里发生了哪些有意思的事情，小朋友们一起玩了什么游戏，老师教了什么，对他说了什么。回到家让孩子讲述读过的图书的内容，对影视动漫的感受，讨论某件家庭事务。安排家庭聊天时间，全家人放下手中所有的事情，和谐愉快地进行交流，谈谈各人近期的见闻或对某件事的看法。

鼓励孩子多与人交谈。让他到医院能自己回答医生的询问，到饭店吃饭能对食物有所评价，看到好书能介绍给同学，对社会上的不良现象可以发表恰当的评论。尽量让孩子表达自己的喜怒哀乐、所思所想。

有些家长一见孩子说不清楚，就着急截断话头，替他把话说完；有些家长自以为是孩子“肚里的蛔虫”，孩子没开口，就递上他需要的东西，或是替他把事情做好。这样孩子就不需要或没机会开口表达自己的需要、想法和感情。

对孩子的表达要多支持。一是提供说话的素材，如果孩子对 F1 赛车感兴趣，可以给他提供更多、更详细的有关赛车的图片和知识；如果孩子喜欢美食，就带他去超市和农贸市场转转，告诉他每种食物的来源、口味和营养。二是表示爱听他说话，孩子讲述时，家长有时打打帮腔：“是嘛，就该是这样的……”有时提出疑惑：“真的呀？”“后来呢，后来怎么样了？”当孩子了解到自己的话大家都感兴趣时，就会产生自信，乐于与人交流了。三是不急于否定孩子的想法，而应先肯定他敢于发表意见，再帮助分辨是非。重要的是让他“说出来”，而不要在乎他说得“对不对”。

三、教会孩子说的方法

上小学后，孩子的词汇量增加较快，头脑中同音字、同义词增多，容易混淆。家长要教导孩子正确发音、口齿清楚；准确理解概念，恰当使用词汇，用词尽量丰富多样，避免语言单调贫乏。

当孩子的表达没有章法的时候，父母要进行正确的示范。先让孩子把话说完，父母可以说：“你是想说……吧，我听明白了。”然后用合适的词汇纠正一下孩子所犯的表达错误。这种易于接受的示范，会让孩子留下深刻的印象。

接着家长再进一步，教孩子恰当运用眼神、表情、手势等，辅助口头表达，做到自然、大方，提高说话的技巧和水平。

四、鼓励孩子当众发言

为了使孩子在人多的场合不怯场，每当有客人来访或请客吃饭时，家长都要引导孩子跟大家讲几句话，对事物发表自己的意见和建议，或者表演一个节目，充当宴会小主持人。经常带孩子外出参加各种类型的集体活动，鼓励他和陌生的小朋友交谈。

有个腼腆的孩子上课不敢举手发言，家长和老师一起商量训练的办法：帮孩子准备班会、队会的发言；预习次日的学习内容，让孩子估计老师可能提什么问题，选一两个有把握的准备答案，第二天上课时举手发言。如果孩子举手了，家长和老师就“小”表扬；发言了，“中”表扬；说得好，“大”表扬或奖励。慢慢地，孩子就有了明显的进步，上课能主动发言，课后与同学讨论问题，回家与家长分享学校的事情。

关键词 自觉性

怎样让孩子自觉学习

镜头一:

多多已经上二年级了，每天放学回家先吃东西，玩玩具，看电视。等妈妈催了，才开始做作业，拉琴也磨蹭，常到晚上9点多才睡觉。

镜头二:

每次做作业，尧尧一定要妈妈坐在旁边才能安心。数学是他最不喜欢的科目，有一道应用题，他看了两眼，就把本子推到妈妈面前，理直气壮地说:“妈妈，这道题我不会，你教我吧!”妈妈摇着头:“你都三年级了，做作业还要妈妈陪着，一遇到难题就推给我们，依赖性这么强怎么行!”

镜头三:

一帆是五年级的大男孩了，调皮贪玩的他不管是听课还是做作业，总要做做小动作。父母经常提醒：“听课不要随随便便，做作业不要三心二意。”刚开始他还回答“知道了”，时间久了，他要么不耐烦地说“烦死了，要说多少遍！”要么扭头就走。

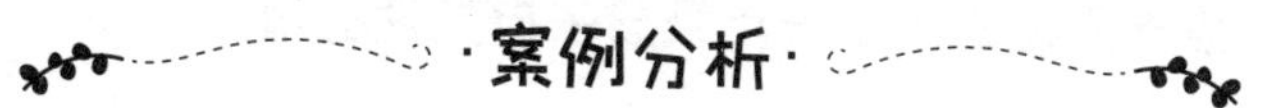

·案例分析·

不管哪个年龄段，总有部分孩子学习自觉性差。多多表现出的是典型的小学低年级孩子缺乏学习意识的行为；小学中年级的尧尧有一定的学习意识，可依赖性强，无法独立完成作业；小学高年级的一帆已养成一些不良的学习习惯，并产生对家长督促的抗拒。这三个案例都告诉我们：孩子的学习自觉性不高，需要家长帮助他们养成自觉学习的好习惯。

学习自觉性强的孩子，在一定的学习情境下就会自动进行学习活动。行为自觉性的根源是内驱力，学习内驱力不足的孩子就会像上述三个孩子一样，学习拖拉、注意力难以集中、学习效率低。家长要善于激发孩子的内驱力，培养孩子的自觉性方能事半功倍。案例中的家长只是着急、责备、唠叨，这样是无济于事的。

·应对方略·

根据小学低、中、高年级孩子的不同特征，学习自觉性的培养需要经过一个循序渐进的培养周期。

第一周期：小学低年级孩子自觉性的植入

对小学低年级的孩子，关键在于“陪伴”。家长可以适当地陪伴孩子做作业。此时的陪伴，既要“细”，又要“粗”。

从内容上说，“细”的陪伴要关注坐姿、握笔和读书的姿势、朗读发音、书写规范等；“粗”的陪伴则要注意，绝不能代替孩子做作业，孩子不会做的可以陪着他查字典，或提示思考方向、思维方式，不要一问就给答案。答案来得太容易，孩子既记不住，又失去了求得答案的动力，久之就会产生依赖性。

从时间上说，孩子初入学时需要家长“细”的陪伴。此时，他们对学习一无所知，不知所措，容易失去学习兴趣。此时也是学习习惯开始养成的最重要的阶段，家长要抓住时机，手把手教，心细嘴勤，多观察孩子的学习方式，多指导正确的学习方法。细致陪伴一两个学期后，家长的陪伴就可以逐渐由“细”变“粗”。做作业时，不再盯着孩子读书写字，而是坐在一旁安静阅读，与孩子保持两米以上距离。这么做，一方面给孩子营造了一个安静的学习氛围，另一方面也为孩子树立了静心学习的榜样。

第二周期：小学中年级孩子自觉性的训练

到了小学中年级，关键在于“放手”。孩子有了一定的学习基础和能力，家长就该看准时机，当放则放。此时的放手，也应讲究方法，循序渐进。

心理暗示，激发自觉内驱力。亲子谈心是孩子十分渴望与喜欢的，家长可借助谈心告诉孩子：你长大了，可以拥有更多的自主权，爸爸妈妈相信你有能力管理好自己。用积极的心理暗示，激发孩子潜在的自觉内驱力。

逐步放手，绝不放任。从家长天天督促到孩子自我督促需要一个过程，可能需要一至两个学期。这期间孩子的学习状态会有起伏、反弹，甚至成绩下降。这就需要家长以智慧及耐心，察言观行来判断孩子的学习状态，定期抽查作业来检查学习效果，发现问题及时指出并引导改正。慢慢地，将检查督促间隔周期拉长。切勿急于放手，撒手不管。

第三周期：小学高年级孩子自觉性的养成

此阶段的关键在于“激发”。万事开头难，孩子接受了前两个周期的自觉性培养，此时抵制外部干扰的能力进一步增强，在坚持性方面也有了发展，能通过自我反思和监督独立做好一些不太困难的事情，家长也会觉得轻松许多。这个阶段，家长更需要一颗慧心，巧妙地运用孩子的内驱力，发挥其学习的自觉性。

激发行动力——学会计划。指导孩子自己定计划，可先从短期计划开始，由一天到一周，再过渡到长期计划，由一个月到一学期。同时引导孩子定期自查自省，改进完善。无数事例证明：做事有计划的人，行动力更强，行动效果更佳。

激发内驱力——适当肯定。适当的肯定能给孩子自觉的动力。对待孩子，明智的父母不轻易许诺，不空洞夸奖。在孩子完成某一件值得肯定的事情时，恰如其分地表达肯定与赞扬。在他们遇到挫折和失败的时候,表现出一种坦然、轻松、振奋的情绪。多进行纵向比较，在分析进步的同时，细心耐心地帮助孩子找出问题的关键，引导他们明白如何面对挫折。切勿进行横向比较，把孩子的不足与别人的长处比，挫伤孩子的自尊心、自信心，动摇其自觉性。

关键词 管理时间

做时间的管理者

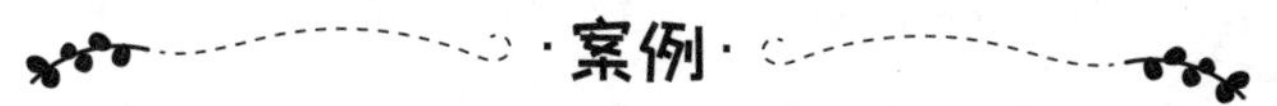

·案例·

小易是一个二年级的男孩，脑袋聪明，可做事磨蹭。生活中，他做什么事情都慢，妈妈让他刷牙，喊了五遍，他还站在那里摆弄牙膏盖；洗脚，能洗半个小时；每天早上在家里起得很早，可上学还经常迟到。因为迟到，老师已经打电话来提醒了几次。后来，爸爸妈妈干脆一起上阵，将小易穿衣、喂饭、戴红领巾的事情一并承包了。

在学习上，他的注意力总是无法集中，容易被无关的事物吸引。比如，画画时，小易忽然听到电视里的声音，就会丢下画了一半的画，跑去看一眼电视，等他看完电视回来，画笔也不知道丢在哪里了，于是又开始到处找画笔。写作业时，家里大人说句话，他就会接下茬儿说点什么，经常东张西望，磨蹭好一会儿才动笔。抖抖腿，搓搓手，抓抓头，拉拉抽屉，切切橡皮……凡是和做作业不相关的事情，他都津津有味地做。回到作业上，就呆呆地傻坐着，本来半小时可以完成的，竟要磨蹭一个晚上。作业质量非常差，小易经常受到老师的批评。

案例分析

案例中的小易做事磨蹭，没有时间观念。究其原因，主要有三个：一是家长包办代替过多，使孩子越来越依赖父母，也使孩子缺乏适当的动作训练，错过了许多锻炼动作灵活性、协调性的机会。二是家长没有提供一个安静的环境，大人在看电视、聊天，孩子很难静下心来专心做作业，一边写一边玩，慢慢就养成了磨蹭的不良习惯。三是家长没有帮助他加强时间观念，没有制订做事的计划和目标。

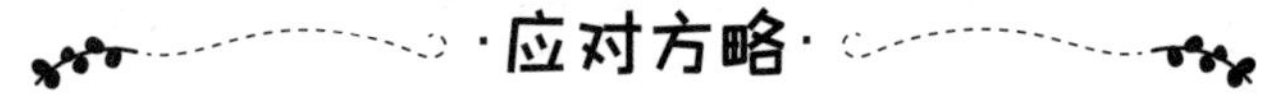

应对方略

一、营造良好的环境

环境是形成良好习惯的首要因素，对孩子成长所产生的影响是巨大的。如果家长本身具有强烈的时间观念，珍惜时间，动作麻利，家庭生活的安排井然有序，节奏有张有弛，那么孩子受到潜移默化的影响，也会逐渐学会管理时间。

家中给孩子安排一个固定的、安静的学习地方非常重要。孩子学习时，家里不要发出其他噪声，这有利于孩子把注意力集中到学习上，提高学习效率。

二、制订作息时间表

“良好的开始是成功的一半”，小学一年级是孩子学习的起步阶段，培养良好的学习习惯应该从确立时间观念开始。可以制订一张详细的作息时间表，列出一天的时间安排，让孩子按时完成相应的事。要求孩子在规定时间内吃完饭，太慢就坚决收拾餐桌，且餐后不给孩子吃其他食物，孩子就会在下次进餐时赶紧吃完。起床、穿衣、吃饭、上学，都让孩子对照时间表自己看着办。若磨蹭迟到受老师批评，家长不同情、袒护，趁机教育孩子早睡觉、不赖床。让孩子必须在规定时间内完成规定的作业，哪怕是老师布置的家庭作业，如果在规定时间内没有做完，也必须停止，叫他自己去面对老师。事后，家长帮着一起分析原因，让孩子明白，不加快节奏、不安排好时间，就必须为此品尝苦果。

三、以计时活动形成紧迫感

有的孩子磨蹭和性格有关，父母可以多带领他们进行一些比赛活动或计时活动。事先设定做某件事情需要多长时间，然后以最快速度保质保量地完成。事后父母可以和孩子一起评价，调整要求，争取下一次做得更快更好。对低龄的孩子，父母跟孩子一起进行计时阅读、计时记忆、计时答题、计时劳动等小竞赛，会有很好的效果。给孩子引进时间概念，用闹铃定时的方式，让孩子在做事的过程中得到时间提醒。与孩子一起来制作一份时间使用的表格，张贴在卧室或书房里，孩子每主动完成一件事，统计一下用时是多少，通过这种“有意注意”训练，让孩子感受到时间的有形与紧迫。通过阶段性的时间统计，家长可以和孩子一起做时间的量化分析，让孩子清楚地看到自己的进步表现。在家长的鼓励和表扬下，孩子不断增强做事的积极性和时间管理意识，提高效率。

四、以“定量管理”矫正坏习惯

有的孩子磨蹭，主要是缺乏学习兴趣和自信心，对学习总是硬着头皮应付，所以没有积极性；在学校里也没有获得成功的感觉，因此学习兴趣低、效率低，对老师留的家庭作业能拖就拖。如果孩子用边写边玩的策略来对付父母，父母可以采用专时专用、“定量管理”的办法来矫正孩子磨蹭的不良习惯。具体做法是：每天帮助孩子确定学习的总量，反正每天就这么多作业，完成以后，省下来的时间都归孩子自己用。这样孩子就有了积极性，如果他想多玩一会儿，就会抓紧时间把作业写完。慢慢地，孩子就尝到了节约时间的甜头。

五、培养孩子的专注力

常磨蹭和拖拉的孩子往往做事耐心不足，或者注意力转移过快，造成做事用时过多，效率很差。家长可以在生活习惯养成的过程中，抓一两件事来锻炼孩子，在引导和鼓励下让孩子多一些耐心，把一件事完整做好。如果孩子缺乏做事的经验或者方法，家长可以做示范，让孩子同步模仿。家长用激励和带动的方式，让孩子学会关注做事的细节，逐渐增加耐心，不断提高完整做事的自信心。

小学低年级的孩子一般很听家长的话，只要提出要求、抓紧训练，规定时间，制定规则，通过一学期的适应，孩子应该能够改掉磨蹭的毛病，学会抓紧时间做事。

－兴趣特长篇－

关键词 熏陶、鼓励

培养广泛兴趣的秘诀

洋洋唯一的爱好就是看电视。看着同龄的孩子能说会道、能唱会跳，再看看自己的孩子，爸爸妈妈很着急，很希望洋洋也能有广泛的兴趣爱好。

一家三口在小区散步，爸爸妈妈看到好多小朋友在练习轮滑，有的已滑得灵活自如。爸爸让洋洋也去试试，可是刚穿上溜冰鞋，洋洋的腿就软了，连忙说："我不学，我不要，我害怕！"爸爸鼓励洋洋从尝试穿着溜冰鞋走路开始练习。可是一脚迈出去后，一个打滑，洋洋就摔了出去。无论爸爸怎么鼓励，洋洋愣是抓住妈妈的胳膊不放，生怕摔倒。几次鼓励无果，爸爸非常生气，不耐烦地冲着洋洋吼道："你除了会看电视，还会什么？"洋洋不服气，嘟囔着："你不也是只会看电视！"爸爸气得脸红脖子粗，给了儿子一巴掌。儿子哇哇地哭了起来。

过后，只要说到轮滑和其他运动，洋洋就排斥、抵触。

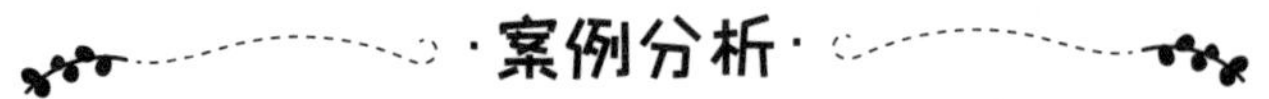

·案例分析·

“兴趣是最好的老师”，是说一个人对某事物有了浓厚的兴趣，就会主动去求知、探索、实践，并在这过程中产生愉快的情绪和体验。如今的家长都很重视子女的兴趣培养，以期孩子多才多艺、全面发展、快乐生活。案例中的爸爸想培养孩子的兴趣爱好，但他的急躁、粗暴反而让孩子排斥、抵触轮滑运动。虽然爸爸也对孩子进行了鼓励，但急于求成的心理，使他忽略了孩子兴趣的培养是一个长期渐进的过程，需要环境熏陶，循循善诱。

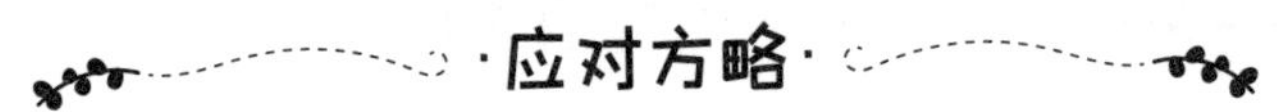

·应对方略·

一、以良好的家庭文化氛围熏陶孩子

想培养出让父母骄傲的孩子，首先要做让孩子骄傲的父母。家长的素质决定家庭教育的优劣，家庭的文化氛围潜移默化地熏染着孩子。妈妈看时装杂志时，女儿凑过来，母女俩一起讨论哪些服装款式漂亮时尚而不怪异，哪位模特风姿

绰约而又端庄。这个女儿的审美观念和能力可能就会高于她身边的其他女孩，也许会立志成为时装设计师。擅长书法的父亲挥毫时，儿子旁观，爸爸一边写一边讲解笔顺笔画、间架结构、运笔蘸墨。这个男孩大概自然而然就会对书法产生兴趣，字也可能写得比别的同学好，说不定将来还能成为书法家。

有一位母亲因为自己的字写得不好，就叫女儿学书法，过了一段时间女儿懈怠了，妈妈越批评，她写得越差。性急的妈妈静下心来反思，觉得自己没起到榜样作用，便耐着性子，和女儿一起学习书法，并根据自己的心得体会，告诉女儿某个笔画运笔到哪儿该用力，再把几个笔画结合起来练。妈妈变成“同学”，女儿大为高兴，主动增加练习时间，后来在学校书法比赛中还获得了银奖。

孩子的潜能如同种子，只要有适宜的外部条件，它就会发芽生根、茁壮成长。环境是孩子兴趣萌发的土壤，兴趣培养需要环境的长期熏陶。许多名家正是自幼在家中耳濡目染，自然而然地对文学艺术、科学技术、体育运动或手工制作等产生了兴趣，于是子承父业，延续了家庭传统。

在索然无味的环境中长大，与生活单调、枯燥的家人为伴，这样的孩子好像落在干涸、贫瘠的土地上的种子，很难萌发多种兴趣而感受生活的快乐。如果大人酗酒、赌博、沉迷游戏，甚至游手好闲，走邪门歪道，就更难希望小孩有健康的兴趣爱好了。

二、引导孩子多接触、多尝试兴趣活动

家长要多制造机会，创设条件，让孩子广泛接触文艺体育等领域，激发多种兴趣。多带孩子外出旅游，参观展览，欣赏演出，看体育赛事。

有一对夫妻为培养孩子的兴趣，采取了以下措施：每半个月带儿子去一次图书馆、博物馆、科技馆或书店；为儿子订阅科普读物和儿童文学刊物；墙上挂中国地图，书桌上放地球仪，新闻联播中或报纸上提到哪个不知道的地方，就叫孩子去看地图或地球仪；吃晚饭时全家谈天说地，交流见闻。儿子说："生活在这样的家中很幸福。"

家长抱怨孩子只会看电视、玩电脑，其实是缺乏发展其他兴趣爱好的引导，没有别的事物比电视电脑更令他喜欢或关注。家长的对策应是"取而代之"，让他接触其他更有趣的事情来转移兴趣。想培养孩子运动类的兴趣爱好，应该鼓励他走出家门，在小区里打打羽毛球、跳跳绳、骑骑自行车，去体育场踢足球、学游泳、练武术。想培养孩子看课外书的兴趣，父母自己应少看电视，少上网，多读书看报，在家中经常讨论书中的内容，以读书的乐趣吸引孩子。只有不断鼓

励孩子做新的尝试，广泛涉猎各个领域，参与各种活动，在行动中获得快乐，才会使孩子的兴趣爱好变得广泛。

三、鼓励孩子循序渐进地发展兴趣爱好

让孩子学习艺术、体育方面的技能，必须从易到难、从单项到综合，逐步提高，不能急功近利、拔苗助长。

当孩子初步有了某种兴趣后，对他的每一次尝试，不管做得如何，家长都要给予适当的赞扬，以培养其自信心。不要立马以“考级”施加压力，摧残孩子刚刚萌生的兴趣幼芽，更不要把“当明星挣大钱”作为培养孩子兴趣的目的。应从培养孩子的基本素质、文化底蕴出发，培养孩子的兴趣特长。比如，画画就是为了培养心灵的美感、对美术的欣赏能力，激发想象力和创造性。学习其他技艺也是如此。

掌握技艺并非一路凯歌、轻松愉快，反复练习的过程是枯燥、艰苦的。而儿童的兴趣稳定性差，某时段对某事物产生了兴趣，新鲜劲一过，兴趣点就会转移；一遇困难便退缩，或者达到一定水平后出现“高原现象”，似乎难以继续提高，便想放弃。父母不能急躁、责骂，首先要表示了解他的困难和心情，爸爸妈妈的“共情同理”能使孩子得到安慰。要告诉孩子胜利往往在“再坚持一下”中到来，突破瓶颈后便会上升到更高层次，更接近理想、目标。孩子迈出克服困难的

第一步，会为战胜自我、取得进步而高兴，自然会坚持下去。对孩子而言，这不仅坚守了兴趣爱好，还培养了克服困难的勇气。

如果孩子对“旧爱”已彻底丧失了兴趣，也不必强迫他做已经不喜欢的事，允许他“移情别恋”，毕竟只是课余兴趣而已。再另行发现新的兴趣点，改学别的就是了。

关键词 发现兴趣

姚姚想学架子鼓

·案例·

姚姚的妈妈和所有的父母一样，希望自己的孩子兴趣广泛，发展全面，琴棋书画，样样精通。从中班开始，她就迫不及待地让姚姚学画画、钢琴、围棋……每个星期都带着姚姚奔波在各个兴趣班里。然而，姚姚面对这么多的兴趣班却很痛苦，总是抗议没有自由，学习很被动，还有抵触情绪，妈妈也疲惫不堪。

到了大班时，妈妈索性把所有的兴趣班都停了，让姚姚痛痛快快地玩。就在玩的过程中，妈妈发现姚姚对能发出声响的东西很好奇，常对碗碟盆罐敲敲打打，还把几只净水桶放在一起，用两根筷子有节奏地敲打，乐此不疲。也许，儿子对打击乐有兴趣？于是妈妈就放些架子鼓演奏的碟片给姚姚看。上小学后，姚姚提出想学架子鼓。因为有了学钢琴的前车之鉴，妈妈怕他半途而废，没有马上同意，而是和他约定：如果一年后他还是坚持想学架子鼓，就让他学。

在“观察考验”期间，爸爸妈妈经常带姚姚去琴行看看，认识各种乐器，让专业人员为他介绍不同的乐器。到了二年级，姚姚还是坚持要学架子鼓。看着孩子坚定的眼神，妈妈欣慰地笑了。

·案例分析·

姚姚妈妈在培养孩子的兴趣时，一开始走了弯路，因为她把自己的兴趣爱好和主观意识强加于孩子，却没考虑孩子作为成长主体的兴趣和感受。每个孩子都有自己独特的个性和特长，并不是一只盘子，什么水果都能放在上面。庆幸的是，姚姚妈妈经过反思，把玩的时间还给了孩子，重新为他创设了一个轻松自由的氛围，让姚姚在游戏中显现出自己的兴趣所在。

孩子的兴趣大多产生于幼小时，在不同的年龄段又各有独特性。孩子兴趣的显现和发展，往往是他发挥天赋和强项的先兆，就像孩子心田里的一粒小小的火种。家长要善于抓住孩子在活动中的好奇心，引导他不断发展兴趣，用这粒火种点燃他巨大潜能的“柴草堆”。家长要小心呵护这枚火种，让它一点点燃起来、旺起来，成为熊熊烈火。

日本教育家木村久一说：“如果孩子的兴趣和热情一开始就得到顺利发展的话，大多数孩子将成为英才。”

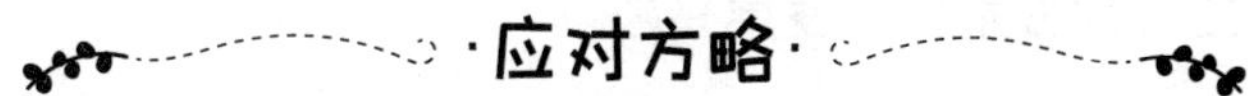

应对方略

一、细致观察，发现兴趣

美国教育家杜威说：“兴趣是生长中的能力的信号。我们要培养孩子的个性特长，首先要发现孩子的兴趣。”家长要做有心人，在日常生活中仔细观察孩子，看他对什么新鲜事物特别好奇。观看孩子游戏玩耍，倾听他的讲述，注意他对影视、书刊的选择和评论，发现其兴趣点；阅读孩子的作品（作文、周记、作业、图画等），从中发现孩子的兴趣倾向和特长。

家长应充分利用周末、节假日，与孩子一起逛商店，游公园，或到河湖边、树林里、田野上漫步、坐卧，留心孩子感兴趣的商品、书籍、生物、景物等。还可以跟孩子一起写字，画画，读书，做手工，修理日用品，做家务……孩子在快乐的亲子活动中，不经意间便会表现出自己的兴趣爱好。

孩子爱提问，是受好奇心的驱使，他经常提出的问题，就是其兴趣爱好的标志。家长应以十分认真的态度关注孩子的提问，耐心解答、启发，帮助他们解决“为什么”，认识“是什么”，保护孩子求知、探索的精神。同时仔细揣摩孩子的兴趣指向，归纳孩子的发问集中于哪个领域，然后确认他对什么感兴趣，顺势尽力培养，使它结出丰硕的果实。

二、创设条件，发展兴趣

儿童的兴趣潜能如同种子，有了适宜的外部条件，它就会生根、发芽、长大。家长发现孩子的兴趣点后，首先要创设丰富有趣的生活环境，为他提供自主探索、广泛涉猎的机会，陪孩子参与体验，继而引导他学习、钻研、探求，从偶然的好奇逐渐发展为持续的兴趣，让孩子感受到兴趣爱好给自己带来的快乐。

发展孩子的兴趣时要区分主次。一则人的精力、时间有限，不可能样样涉猎、面面俱到。二则孩子可能对许多方面都感兴趣，但对其中某一方面的兴趣最强烈、最持久，这就是他的“中心兴趣”，很可能就是他今后的专业方向、就业领域，这是需要重点培养的，使之发展为特长；其他方面只是帮助他扩大知识面、丰富生活内容、积淀文化修养，甚至只是“玩玩而已”，不必花大力气培养。

社会上各种兴趣班很多，有的家长送孩子去是想发展孩子的兴趣特长，有的家长却是为了孩子中考、高考能加分。对此，家长应慎重考虑：“我为什么让孩子上兴趣班？兴趣班的价值到底何在？”

三、开发潜能，培养所长

每一个正常人都具备多种潜能，只是发展的程度和组合的情况不同。不同的孩子表现出来的对事物感兴趣的指向和程度是不同的，各种能力的发展水平和潜力也有差异。如果家长在早期能发现孩子的长处与不足，适度地发展或弥补其能力，侧重培养孩子的“中心兴趣”，有利于他发挥个人潜能。

有的孩子对学习书本知识不大感兴趣，成绩达不到优良，但是特别喜欢手工制作、绘画，或者热衷于拆装玩具用品，这往往招致家长的批评禁止。其实家长应该看到这样的孩子动手能力很强，将来也许成不了学者，写不出学术著作，却可能成为技师、工程师，有所创造发明。

还应考虑性别差异。小男孩一般喜欢制作汽车、火车、轮船或飞机模型，制作“大黄蜂”或打仗的场面等，那就建议让他参加小制作、航模车模等兴趣小组。小女孩一般喜欢画装饰图案、卡通女孩和古代美女，制作穿着各种服装、梳着各种发式的布娃娃，可让她参加缝纫、绘画小组，将来说不定能培养她成为服装设计师，或产生比“芭比娃娃”更棒的创意。

儿童是自己塑造自己的。在兴趣培养的过程中，要让孩子自己开发自己的潜能，体现孩子的主体地位和家长的主导作用。

关键词 扶与放

这琴还要学下去吗

·案例·

楠楠第一次去上小提琴课，老师教了标准的拿琴姿势和把位练习。这可难坏了楠楠，她不是胳膊伸得发酸，就是动作走样。老师一遍又一遍地纠正，楠楠带着哭腔说："能不能不练了？"妈妈说："你既然选择了学琴，难道遇到一点点困难就放弃吗？"

楠楠懂事地点点头。

之后，妈妈都会陪楠楠去上课、记要点，陪楠楠识谱、唱谱、练琴……经过一段时间的指导和练习后，楠楠总算入门了。但这让她对妈妈产生了依赖性，每次上课都要妈妈陪在一边，一旦妈妈离开，她就哭闹。

随着小提琴考级难度的增加，妈妈已经跟不上楠楠的学琴节奏了。当楠楠对练琴产生负面情绪时，妈妈就忍不住训斥他，这使楠楠对练小提琴产生了抗拒心理，还说以后都不学了。

爸爸妈妈对楠楠要不要坚持学琴也产生了分歧。

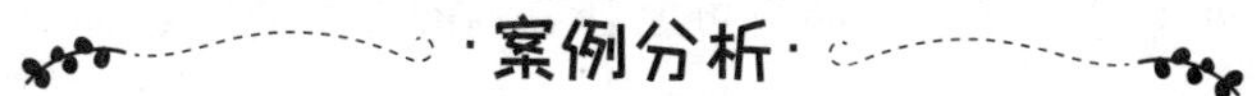

案例分析

如今，学琴的孩子越来越多了，年龄也越来越小了，如何指导孩子练好琴，这对年轻父母来讲是一种挑战。有的家长像楠楠父母一样花费了很多时间陪孩子练琴，有的家长死板地规定练习时间，觉察不出孩子的问题所在，还不断责骂。于是很多孩子像楠楠一样，一开始很喜欢学琴，后来就厌恶了，因为他们从中得到的不是性情的陶冶，而是家长的唠叨、责骂，以及由此产生的焦虑、烦躁、失望、厌恶的情绪。

学琴为的是享受音乐的美好。如果家长为了孩子学琴而生气、争吵，弄得孩子压抑、哭泣，那么就使原本愉快的事情变成了全家的苦恼，这样的“兴趣培养”有何意义？

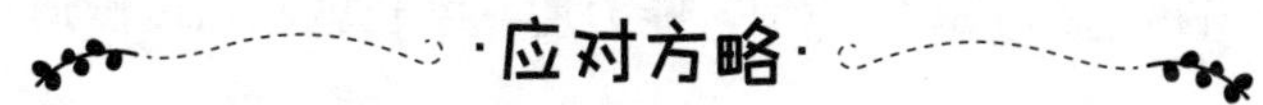

应对方略

一、明确定位，指导有方

1. 当好老师的助手

孩子在学习特长的过程中，家长要明确自己的定位，当好“辅导员”，根据孩子的年龄特点、知识水平进行辅导。如果家长进教室陪同，可带一个笔记本，将老师上课时强调的重点、难点记录下来，一方面可以做到心中有数，对孩子进行课外辅导，另一方面也可监督老师的课堂教学。把孩子送到学习地点，往老师那儿一放就走，对学习情况不闻不问，是不负责任的态度。

2. 避免过度依赖

家长在指导的过程中，要注意不能让孩子太依赖自己，否则会影响孩子独立思考的能力。课上，家长不要坐得离孩子太近,要让他养成自己动脑筋听课、练习的习惯。回到家后，家长应当以“问”的方式带动孩子，与他互动，复习课上的内容。如果孩子答错了，不要立刻把正确的答案抛给他，而是委婉地告诉他：“这个答案很接近了，但还不正确，再想想看呢？加油，你一定可以的！”要让孩子自己真正理解、彻底明白。

3. 无须过多干预

当孩子有了一定的学习能力后，家长就应该慢慢退出陪练的位置，让他们自己进入课堂，独立听课、自主练习，不要过多帮助或参与，让他们有独立感。只有教会孩子学习的方法，才能让孩子学得更快，走得更远。

二、鼓励，鼓励，再鼓励

好孩子是夸出来的，不是骂出来的。对学习乐器、舞蹈、体操、书画的孩子来说，最好的教育方法就是——鼓励，鼓励，再鼓励。在检查孩子的练习情况时，再微小的进步都值得赞美，即使做得不到位或错了，家长也要耐住性子，忍住嘴，先保持沉默，不要当场训斥。若是孩子刚做错一点，就被大人打断，他的注意力会从练习的项目转移到父母的斥责上。因为生怕再出错，就小心翼翼、心惊胆战，结果就更容易出错。何况，在这样的心境下弹琴、跳舞、作画，根本谈不上对艺术的感受。

家长要尽量避免拿其他孩子的长处来对比自己孩子的短处，一句负面的评判可能会击垮孩子的信心。年纪小的孩子还不懂得“知耻而后勇”，稍大的孩子则会因被当众贬低而羞耻。相反，家长一句温暖的鼓励，就可以激发孩子的激情和自信，驱动他把事情做得更好。家长要研究说话的艺术，既能说明事实，又不造成负面影响。

在指导孩子练习的过程中，如果家长指导不了，或解决不了孩子的问题，应该及时和老师沟通，交流孩子的情况。送孩子上课的时候，把孩子遇到的问题跟老师扼要地说一说，听听老师对孩子的分析、评价和建议，商量最适合孩子的教育指导方法，建立家长、老师、学生三者互动的关系，共同促进孩子技能的提高。

三、循序渐进，坚持训练

学习任何一项本领，最忌讳的就是三天打鱼两天晒网。初学时，一次练习的时间不宜过长，家长可根据孩子的性格特点而定，10 分钟、20 分钟、30 分钟……练习时间可以随知识的掌握和年龄的增长逐步延长。练习时间最好固定，不要随意改动，使孩子形成条件反射，每天一到规定时间，就感觉到要开始练习。切不可因为今天家长有事就不练习，明天家长有时间就逼孩子练一两个小时，把昨天的损失补回来。

家长可以为孩子制订一个练习评定表，包括练习的时间、内容、表现，每天练习完后，与孩子一道填写。一周一小结，一月一总结，给予适当的奖惩，使孩子关心自己练习的结果，形成责任感。当然，随着时间的推移，方法也要适当调整，让孩子始终保持学习的兴趣。

家长要耐心地扶着孩子“过河”，培养孩子具有克服困难的勇气、坚持不懈的毅力。当孩子在学习过程中遇到“跨不过去的坎儿”时，家长不可轻易放弃。比如孩子学一种乐器，过一段时间觉得腻了，想换一种乐器，家长要深思熟虑、多方考量，听取专业人士的意见，再做决定。要让孩子认识到学技能是“学习”而不是游戏，不能说改就改，以免像猴子下山，见了第二样扔掉第一样，最后一无所得。

关键词 尊重选择

我的舞台我做主

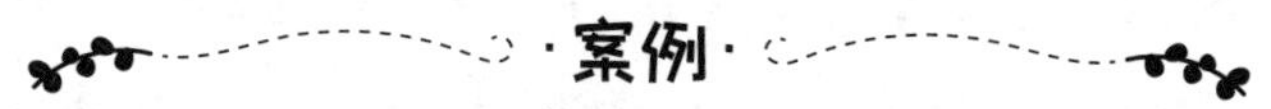

·案例·

敏敏从小就喜欢画画，妈妈给她报了绘画兴趣班。经过几年的学习，她在绘画方面小有成就，多次参加各种比赛，获得了不少奖项。但升入六年级后，面临着升学压力，敏敏学画画的时间越来越少了。

一天放学后，敏敏高兴地对爸爸妈妈说："我想在小学毕业时给母校留下一份特殊的礼物，就是和两位学画画的同学一起举办一个画展。"爸爸妈妈听了却不同意，他们担心办画展会让敏敏在学习上分心。

敏敏为此很是烦恼，学习上提不起劲，甚至对画画也提不起兴趣了。

·案例分析·

敏敏画画有了一定的基础，但随着学校学习任务的加重，她只能把更多的精力投入学校的学习中。举办画展这个主意说明画画依然是敏敏的中心兴趣所在，可她的爸爸妈妈没有抓住这个契机，进一步激发孩子的绘画兴趣。其结果是敏敏绘画的积极性受挫，心情压抑，她通往艺术的门径很可能从此关闭。如果家长能尊重孩子、理解孩子，细心呵护敏敏的中心兴趣，支持她办好画展，帮助她搭建展示自我的舞台，让她充分发挥自己的优势，品尝成功的喜悦，必能促使她的特长进一步发展。

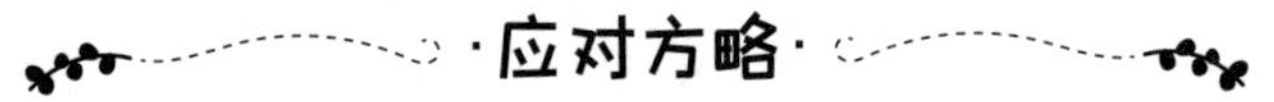

·应对方略·

一、尊重孩子的自主选择

想让孩子在学习艺术的道路上走得更远，一定要培养他们的自主意识和能力。孩子的自主性最明显地表现在对兴趣爱好、发展方向的自主选择上。家长应主动给孩子选择的权利，尊重孩子的选择，并告知他要对自己的选择负责。不少家长认为孩子不懂事，怕他选择错误，就代替孩子做决定。被剥夺了自主选择权利的孩子，在被动、被逼的状态下，是很难在艺术道路上有长远发展的。

二、放手让孩子自主安排

在学习知识和技艺的过程中，家长要给孩子自由发展、自主安排的空间和时间，让他们自己往前走。凡属本身能力范围之内的事情和决定，都让他们自己动脑动手去做，如自己安排练习内容、练习时间、练习形式等。只要合理，家长就不必提出异议。对于孩子创造性的想法、有利于发展兴趣的行为，就像敏敏办画展的创意，家长一定要大力支持。如果家长总是包办、约束，孩子就难有自主发展。

三、学艺路上温馨“陪伴”

虽然要尊重孩子的选择，给孩子自主发展的时间和空间，但并不是说孩子在通往艺术殿堂的路上不需要家长的陪伴。只是这个“陪伴”不是简单地陪孩子坐、走或玩，而是陪同孩子一起进步。家长应多为孩子创设学习其特长的氛围，提供多看、多欣赏、多参与的机会，比如，让学钢琴的孩子观摩演奏会，观看钢琴大师的视频；带学习画画的孩子参观画展，游览大好河山；春节带学书法的孩子观看书法家现场书写春联；陪参加手工制作班的孩子参观艺术博览会等等。让孩子开阔眼界，提升艺术修养，树立榜样和追求目标。

名人成功的故事，可以由家长讲给孩子听，也可以让孩子搜集资料，阅读后讲给家长听。和孩子交流心得体会，引导孩子自己得出结论：成功的艺术家都是在苦练和坚持中才走向辉煌的，如果自己像他们一样努力和坚持下去，将来也会像他们一样有所建树。

陪伴孩子走向艺术殿堂的同时，家长应努力提升自己的艺术素养。每天与子女零距离接触，家长的一言一行、一举一动都将化成涓涓细流，一点一滴地渗入孩子的心灵，成为培养孩子兴趣、爱好和特长的催化剂。亲子双方共同提升艺术素养，才有共同的目标、兴趣和语言。如果家长自己对艺术一无所知、毫无兴趣，不关心有关艺术活动的报道，从不去剧院、美术馆、音乐厅，怎能要求自己的孩子富有艺术细胞呢？又怎能怪孩子“不听我的”或“看不起我”呢？

四、赞赏、激励，增添动力

在孩子发展特长的过程中，家长要善于进行表扬和鼓励，增强其继续前进的动力。孩子画画达不到要求，把桌面地面弄得很脏，家长千万不要发火责备，而应关心、询问、帮助，表示谅解，给予肯定，加以鼓励。

家长还可以和孩子一起绘画，用孩子的画装饰房间，高兴地欣赏并向客人介绍其绘画作品。也许这样孩子的自信心和积极性将大大增强，绘画可能就会成为他生活的一部分。当成为一名画家成为他的梦想时，他就会把“兴趣”变为“乐趣”，最终成为“志趣”。

孩子在学习某项特长的过程中，还会有其他的兴趣爱好，如看电视、玩游戏等。这些看上去与才艺培养关联度不高，但智慧的家长会因势利导，使之成为拓展孩子才艺的有效途径之一：孩子喜欢看动画片，可以引导他画出其中的人物，或自己设计动画人物；孩子爱玩电子游戏，只要家长与孩子商定好游戏玩的时长即可，玩完游戏后，家长可以引导孩子把游戏里的人物造型转化成眼前栩栩如生的人物画像。这样既能不让孩子沉迷于电视和游戏，又能开发其想象力和创造力，拓展其才艺发展的空间，让孩子在属于自己的舞台上发挥才能。

— 身心健康篇 —

关键词 作息规律

生活有规律，健康有保证

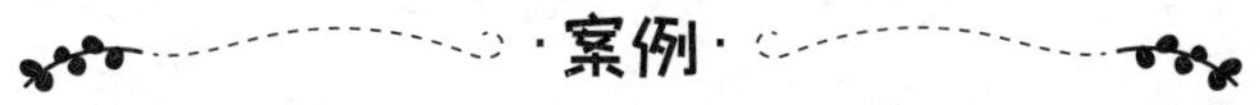

早晨六点半左右，妈妈照例叫阳阳起床，阳阳也照例翻个身嘟囔："妈妈，我再睡一会儿。"几番哄、骂之后，阳阳才磨磨蹭蹭地爬起床，稀里糊涂地洗漱一番，匆匆忙忙吃两口早饭，就冲往学校。

下午放学回家，阳阳先搜罗零食，打开电视看动画片，不急于写作业，因为他知道爸妈下班后自己就没有玩的时间了，只能不停地写、写、写。吃晚饭时，阳阳已经不饿了，吃了几口饭，就开始慢慢腾腾地写作业。写的过程中，他一会儿去喝口水，一会儿又瞄一眼电视，或者在厕所待上一会儿。每天写作业都挨到犯困，作业效率极低不说，还影响睡眠时间。

·案例分析·

在家长的哄、骂声中，孩子新的一天开始了，想必这位妈妈的心情也不会灿烂。早上母子的一番斗争耗费了不少精力，阳阳的早餐时间没有得到充分保证，上午九十点钟就会饥肠辘辘，影响上课效率。

家长忽略了孩子作息规律和学习习惯的培养，放学后，阳阳不会自主安排时间，一直玩到吃晚饭，饭后没有休息间隔就开始做作业。在完成作业时他的注意力不能集中，插进许多无关活动，拖长作业时间，不能按时上床睡觉。

晚上睡觉晚，睡眠时间不足，早上起不来。早饭吃不饱，零食却不少，晚饭不想吃，这样容易导致营养不良和消化系统疾病。如此恶性循环，全身的免疫力和机体的抵抗力就都会下降，孩子的身心健康怎能得到保证？更别说学习效率和生活快乐了！

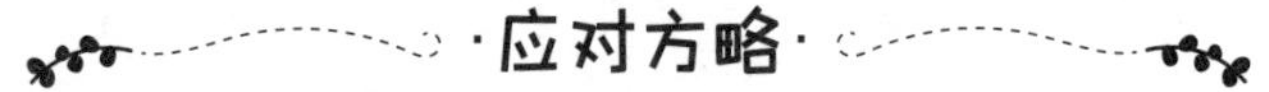

·应对方略·

让孩子从小养成良好的作息习惯是非常重要的一件事，尤其是要让孩子按时起居，保证充足的睡眠。

一、教育孩子珍惜时间

1. 植入时间观念

具有时间观念和管理时间的能力，孩子将终身受益。家长要告诉孩子，人的生命是由时间构成的，浪费时间就是浪费生命。算一算人的一生有多少天，多少个小时。其中，学习阶段有多少天？工作时期多少天？想一想属于我们的时间是多还是少。

时间是有限的，逝去回不来，所以要珍惜时间，抓紧时间，管理时间。

2. 制订作息时间表

和孩子一起，根据学校的时刻表安排家庭作息时间，详细列出从早到晚什么时间做什么事情，商定完成每个任务需要的时间，如：早起穿衣 3 分钟、刷牙 2 分钟、洗脸 2 分钟等。

初入小学的孩子放学回家后，还不会分配时间，自主学习，不是玩得忘了做作业，就是拖到晚饭后或睡觉前才匆忙赶做。

作息表要明确规定放学回家后的活动顺序和时间：先用多少时间洗手、喝水、吃点心、上厕所，几点几分开始做作业，多长时间休息一次，几点吃晚饭，饭后休息多久开始学习。除了完成作业，还要安排复习、预习、检查和整理知识的时间。

把作息表贴在孩子书桌前的墙上，让他自觉遵照执行，家长和孩子都不能随便打乱规定的作息时间。如果规定孩子8点半或9点睡觉，但因有好看的电视节目或其他事情，爸爸就同意孩子晚睡，结果可能就会打乱孩子的条件反射，淡化孩子的规则意识。

3. 多种方式督促

制订作息习惯考核表。家长和孩子讨论奖惩措施，规定得了多少分数（或笑脸、红星等）给予孩子向往的奖励，例如看电视、买玩具、骑自行车、小额钱币；几次违反作息时间（晚睡迟起、贪玩忘做作业等）要受惩罚，扣除分数或是取消孩子想做的事情，如一周禁止看电视、取消一次外出游玩等。如果孩子执行得好，家长就要及时表扬；如果孩子没有执行或违反规定，家长就要督促孩子“整改”，不必急躁，继续坚持。

孩子早晨不肯起床，可以采取多种方式——音乐唤醒法、身体触碰法等；孩子不肯早睡，可以采用故事诱导、音乐催眠、好言相劝等方法。切不可吼叫、打骂，这种恶性的刺激会伤害孩子的身心。

二、保证充足的睡眠

7～12岁的儿童，必须保证9～11个小时的睡眠时间。由于21点后为淋巴系统排毒时间，所以儿童须在此之前入睡，最佳睡眠时间是 21：00 ~ 07：00。当然，双休日或节假日可以适当睡得晚些。

孩子良好睡眠习惯的养成、睡眠生物钟的建立，需要长期坚持才能见效。家长无论晚上有什么应酬，夜间娱乐活动多么精彩，都要将孩子的睡眠放在首位，让他每天都能按时保质入睡，不随意改变上床时间。睡眠时间充足了，早晨起床也会变得轻松很多。有的家长很晚回家，还要和孩子玩一会儿，结果影响了孩子的睡眠，打乱了孩子的生物钟。

规律的睡眠习惯是健康的基础。家长和孩子一起商定一些睡前的准备工作，设定固定的程序，比如洗澡、换睡衣、刷牙、互道晚安等，让孩子有规律可循。一般在睡前半小时，家长开始带领孩子按固定不变的顺序，平心静气地将这些事情一件件完成。这些固定程序形成的睡前模式，是对孩子最好的心理暗示,让他知道“该睡觉了”。这样无须劝解或催促，孩子就会自己上床，而且会有成就感，觉得自己长大了，自己知道自己该做什么，不用大人说。

周围安静、心情平静才容易入眠。孩子完成作业后，稍事休息，“忘记”功课，不做剧烈活动，不看刺激的影视节目。睡前除了关灯、拉窗帘之外，家长要以身作则，保持环境的安静，不要与孩子打闹嬉戏，使其神经亢奋。家长不妨在儿童房外坐着，静静地看一会儿书；或是在房间里陪孩子一会儿，但不要说话。如果家长要求孩子安静躺好不说话，自己却大声谈笑、走来走去或是看电视、玩游戏，孩子就会被吸引，并感到不公平。通常他们会哭闹，或是想办法和家长再一起玩一会儿。

某种动作训练次数越多、持续时间越久，习惯养成越牢固。孩子良好生活规律的养成，离不开父母用心、不懈的培养。

关键词 合理膳食

为啥孩子吃饭成了“老大难”问题

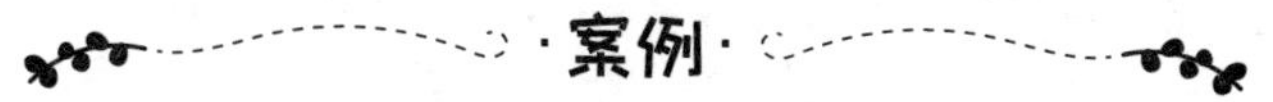

今天午餐是白米饭、可乐鸡翅、青椒炒肉丝和西红柿鸡蛋汤。正当妈妈暗自得意时，却发现儿子刚吃了几口，就把自己碗里的菜往爸爸碗里放。

合合发觉妈妈在注意自己，赶快低下头吃了一口米饭，坐在那儿慢吞吞地嚼着。两分钟过去了，合合嘴里还含着那口饭，菜几乎没动。磨了半个多小时，饭菜早凉了。于是妈妈许诺，只要合合把饭吃完，就奖励他和小朋友玩，给他们买巧克力。看到孩子磨蹭的样子，爸爸终于压不住火，一把抓过碗勺给他喂饭。可刚喂了两口，合合就把吃进去的饭菜全部吐了出来……

妈妈都急死了，但一点辙也没有。

邻居得知这个情况，说:“唉，孩子吃饭也是我们家的‘老大难′问题。只吃荤菜，不吃蔬菜。大便要两三天才拉一次，每次脸都涨得通红，还叫屁屁痛。真拿他没办法！”

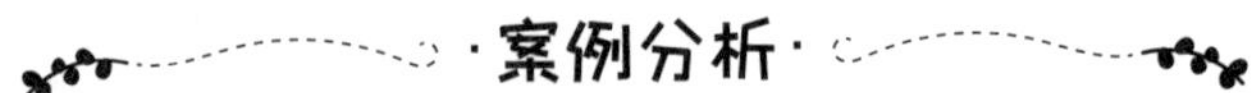

·案例分析·

孩子饮食健康意识差，不清楚什么样的食物对自己的生长发育有益，单纯依靠味觉选择食物，往往养成偏食挑食、爱吃零食的不良饮食习惯。合合不想吃饭的原因何在？是饭前吃了太多零食，吃厌了这几样菜，还是身体不适？妈妈爸爸实情都没弄清，只急于叫孩子多吃点。妈妈哄，爸爸压，一个唱红脸，一个唱白脸，但软硬兼施也未奏效。

不少人家也是这样，本应是快乐、享受的进餐却变成了烦恼无奈的“战斗”。家庭经济条件不错，孩子却营养不良，排泄不畅。再加上食品安全问题频现，家长都不知道给孩子吃什么才放心。

对孩子进行合理膳食的教育，使之养成健康的饮食习惯，是家长的重要职责。

·应对方略·

一、合理安排膳食

1. 营养全面——食物品种多样

人体所需要的营养素有：碳水化合物、油脂、蛋白质、维生素、无机盐，以及水。没有任何一种天然食物能包含人体所需要的各类营养素，所以食物的品种应尽可能多样化，每天菜谱应使热量和各种营养素数量充足、比例恰当。营养不良包括营养缺乏和营养过度。营养缺乏会造成营养性水肿，以及贫血、夜盲、脚气病、糙皮病、维生素 C 缺乏病、佝偻病等一系列疾病；而营养过度，其后果比肥胖本身还严重。

家长要注意孩子不能太贪吃，也不能无食欲、太挑食。应该样样都吃一点，但都不过多。人对食物可能都有喜欢吃的和不喜欢吃的，孩子也可能天生不喜欢吃某种东西。父母发现孩子挑食时，可给予他适度的选择自由，孩子实在不愿意吃某些蔬菜时，可以用水果来代替；或者动脑筋，改变做法，吸引孩子吃。但严重的挑食、偏食，荤菜或蔬菜一律不吃，则必须纠正。

2. 膳食平衡——比例搭配合理

不同食物具有不同的营养成分，机体对各类营养成分各有量的要求，摄入多了或少了都不行，必须在人体的生理需要和膳食营养供给之间建立平衡的关系。家长应该按照食物金字塔的比例来选择搭配食物。

合理的“食物金字塔”由五层组成：底层是谷薯类食物（米饭、面包、馒头、面条等），应该吃得最多；第二层是蔬菜和水果，每天要吃得较多；第三层是鱼、禽、肉、蛋等动物性食物，应吃得适量；第四层是奶类、大豆和坚果，应吃得适量多样；第五层是烹调油和盐，建议尽量少吃。

家长和孩子都应大体按比例摄入各级食物，并注意“同组食物”之间的搭配，如粗细搭配、深色与浅色蔬菜搭配、鱼与禽类的搭配等。

偏食会破坏营养素的平衡，所以家长必须引导孩子均衡地吃各类食品，不要爱吃的吃很多，不喜欢的就一点不吃。

3. 适合体质——食物与体质相配

食物可以养人也可以伤人，脾胃虚寒的儿童贪吃生冷食品会引起肠胃不适或腹泻，内热较重的儿童爱吃油炸食品或羊肉火锅会引起口腔溃疡或大便干结。家长应熟知食物的温凉属性和自己孩子的体质特点，选择适合孩子体质的食物，不要单凭口味挑选食物。同时家长还要根据季节变换，调整食物。

儿童一天所需的一半以上的热量应来自粮食，约 1/6 来自蛋白质，从油脂中获得的热量只应占 1/4。过多食用糖或重油食品，不仅会使热量摄入过高，大大增加儿童发生高血压、高血脂、肥胖、冠心病的危险性，而且容易引起消化道疾病，如便秘、胃炎等。

二、合理安排三餐

1. 早餐应吃饱，吃好

对小学生来说，早餐是一天中最重要的一顿饭。老师们发现，凡是能够坚持每天吃好、吃饱早饭的学生，体型和机能发育都比较好，身体健壮，上课精力充沛，学习效率也高。

早餐特别要重视“质量”，除了要提供产热快的淀粉类食品外，还要有耐饿的蛋白质和脂肪类食品，如肉包子、饺子、馄饨，五香牛肉、茶叶蛋、红油豆腐干等，有条件的还可增加含维生素量大的蔬果。有些孩子早晨食欲较差，家长要讲究食物的色、香、味、形，使早餐更具吸引力。

2. 午餐需合理搭配

小学生的午餐营养量应占全天营养的40%，午餐中要有肉食与豆制品搭配的副食，每天保证有动物性食品。蔬菜以绿色和深绿色的为主，也要有一些橙黄色的，少量白色或浅色的；增加虾皮、海带、紫菜、菌类。每星期吃1 ~ 2次鱼类，1 ~ 2次动物内脏。主食应粗、细粮搭配，豆、谷类搭配，使人体必需的氨基酸种类齐全，做到蛋白质互补。一周内饭菜花样尽量不要重复。

多数小学提供午餐，不论是学校食堂做的，还是代订的外卖快餐，都应参照以上搭配方案。

3. 晚餐要容易消化

提高晚餐的质量，可有效改善营养状况。晚餐食物应包括主食、肉、菜和汤类，以达到干稀搭配、荤素搭配。至于数量，“晚饭要吃少”的告诫不适用于儿童（除非孩子体重已明显超重），量少了，孩子吃不饱，会影响晚间睡眠质量。

对孩子的晚餐安排，热量应高些，约占全天热量的30% ~ 40%，但要少吃高脂类或不易消化的食物。晚餐既要营养丰富，又要容易消化。

三、少吃零食

一日三餐是我们摄入营养的主渠道，这符合人体消化系统的生理特点，餐间多吃零食会影响正餐时摄入食物的量。帮助孩子从小养成不乱吃零食的好习惯，尤其是糖果、冰激凌、洋快餐、膨化食品及含糖饮料等，尽量不吃或少吃。

孩子上了一天课，放学后会觉得饿。家长们可为孩子准备些健康食品，让孩子在回家路上或到家后吃些点心、水果，但数量不宜太多，以免晚饭吃不下。路边摊贩的食物不仅没有多少营养，而且大多存在食品卫生问题，不要让孩子食用。

四、文明用餐

就餐环境要安静、温馨，轻松、舒缓的背景音乐可以唤起愉快的情绪。一家人高高兴兴地谈天说地，交流一天的见闻，能增进亲情，让人食欲大开。父母可在餐桌上结合菜肴讲些能促进孩子食欲的话，介绍营养知识、进餐礼仪。

文明家规应在餐桌上体现出来。不允许孩子有以下行为：大人还没落座，孩子就爬上桌子抓菜吃；大家入座了，孩子却离座跑一边玩去了；把自己喜欢的菜拉到面前独吃，把不喜欢的菜推给别人；吃饭时追逐玩耍，大喊大叫，哭闹耍赖。用餐时家长不应有以下行为：高声说笑、恼气吵架，玩手机、看书报；好菜只夹给小孩，不给老人；边吃边训斥孩子。

关键词 体育锻炼

我出汗，我快乐

·案例·

刚放暑假，小学三年级的磊磊找小伙伴们疯玩了几天。但是，他很快就觉得没意思，再加上天气太热，在接下来的日子里，他几乎每天都是在空调屋里“捂豆芽”。磊磊每天不是看电视，就是上网打游戏。他常感觉很累，不想吃东西，眼睛开始看不清楚远处的东西了。更让他伤心的是，暑假过后，班里的同学都长高了，好像只有自己的个头没有长。

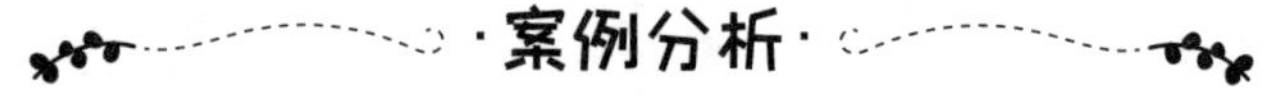

·案例分析·

孩子们都特别期待假期，想好好地玩上一两个月。但当假期真正来临时，他们往往不知道怎么玩、玩什么，结果假期大部分时间都是待在家里无所事事。寒暑假没有学习压力，又没有体育课。缺少家长指导、监督的孩子们，不是因为缺乏锻炼而变成了小胖墩，就是因为忽视正常的生活起居，生物钟紊乱，引起食欲减退、营养不均衡、精神不振等问题，或者因迷恋电视、电脑、电子游戏，视力大为下降。

案例中磊磊的父母都没有出现，看来他们对孩子的暑期生活完全放任自流，未能帮助他制订合理的暑假计划，更没有关心他的运动锻炼和情绪体验。孩子不仅感到放假无聊，身体健康还出现问题，这不能不说是家长的失职。

小学生正处在生长发育的重要阶段，身体形态和身体机能的发展，除了受制于遗传因素，是否经常锻炼也是重要因素。有些家长很关注孩子的身高、体重，却只重视饮食和睡眠，不知道运动和情绪的重要作用。孩子的体育锻炼，虽然在学校、社区中都可以进行，但经常性的家庭锻炼起着更大的作用。孩子体育锻炼的习惯和爱好，主要有赖于家长的启发、帮助和督促。

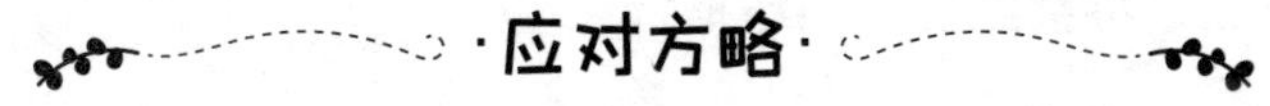

一、亲子互动，一起锻炼

父母是开展家庭体育锻炼的核心人物，要随时了解孩子当下的生理发展特点、运动要求、运动爱好和适宜运动强度，积极引发孩子的运动欲望和运动潜能；循序渐进、科学合理地安排运动时间及运动量；引领孩子主动应用学校体育课学到的方法、技能；及时肯定鼓励孩子在锻炼中的进步和优势。

在家庭体育锻炼中，父母的身体力行是最直接的影响力和推动力。父母应尽量跟孩子一起运动锻炼，面对面、手把手地教,共同探索锻炼方法、技巧。要掌握运动安全防范要领，保护孩子免受运动损伤。父母和孩子一起享受运动带来的伸展和舒畅，让孩子充分体验体育锻炼的魅力和快乐，使孩子参与锻炼从被动到主动，从盲目到自觉。

在共同锻炼的过程中，父母和孩子既有口头言语沟通，又有肢体言语交流等。父母成为孩子体育锻炼的好教练、好陪练、好队友。

家庭体育锻炼要循序渐进、持之以恒。急于求成、拔苗助长的结果是欲速则不达；一曝十寒、三天打鱼两天晒网也起不到效果，反而浪费了时间。

二、零整结合，见缝插针

1. 日常锻炼

平常，家庭成员们各自忙于工作或学习，较难安排大块整段时间来锻炼。家长可以让孩子见缝插针地锻炼。

早晨起床后，用三五分钟时间伸伸懒腰，做做扩胸、伸展、转体、踢腿等基本动作，既能快速消除睡意，又起到健身的作用。

如果学校离家不远，尽可能让孩子步行上学。步行不仅健身效果良好，而且准时、经济，沿途还能感知四时风光和社会现象。但前提是要保证孩子上学路上的安全，可根据年龄大小和体质强弱，将步行速度控制在0.6～1千米/10分钟。一般情况下，20分钟以内的步行路程较适宜。

放学回家后，利用晚饭前20～30分钟的时间，进行一些对抗性、趣味性较强的运动项目，如球类活动、跑跳游戏、踢毽子、跳绳、轮滑等。

晚上孩子做功课或看电视的间隙（约10分钟），让孩子在家里进行一些徒手或小器械的练习。男孩可以做俯卧撑、引体向上、曲臂悬垂，使用拉力器、哑铃（注意选择合适的重量）进行锻炼；女孩可进行仰卧起坐、仰卧举腿、坐位体前屈或呼啦圈等小器械锻炼。男女皆可做动物模仿操、小游戏等。

2. 节假日活动

风和日丽的日子，父母陪同孩子疾走、爬山、划船、骑车，在锻炼身体的同时，领略大自然的无限风光。孩子用自己的双脚丈量大道某段长度；在山间草地上嬉戏，敞开胸怀深呼吸，玩得满身是泥也无所谓。多进行体育活动、多接触自然，孩子不仅心灵深处是明亮、愉悦、丰富的，而且能增强自身的抵抗力和免疫力。

双休日或节假日，依据孩子的爱好特长，可针对某一运动项目进行强化培训。父母有能力的话可以亲自指导，也可将孩子送去专门的培训机构进行正规的培训（一般每周不少于 2 小时）。

唯有锻炼，孩子的神经、心肺、肌肉、骨骼才会全面完善地发展，力量、速度、灵敏度、耐力、柔韧性及各生理系统功能才能和谐、均衡地提升。家长不仅要给孩子牛奶、鸡蛋，更要让孩子运动、流汗！

关键词 课余生活

在课余生活中快乐成长

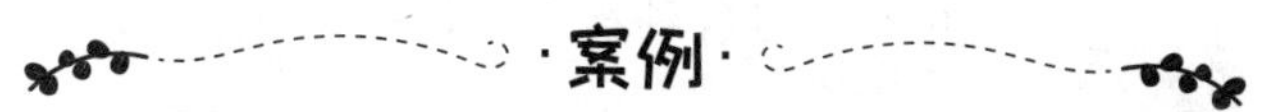

小兵从很小起，就由父母带着在小区附近慢跑，花草树木、行人车辆，都是他们对儿子进行随机教育的道具。等儿子长大一点，他们就走得更远，让孩子在更大的时空之中，长更多的见识。利用寒暑假期、节假日，家长尽量带他游历名山大川，去看科技展览和各种艺术表演，只要孩子能懂的，都带他去亲自体验一下。小兵在各种不同的环境里，接触不同的人文、自然知识，学习课本上学不到的东西。每次外出，爸爸妈妈总是让小兵排队买票，他们在一边等着。家长有意让他多跟陌生人接触，并从不同的人那里接受新鲜的知识、新鲜的刺激，丰富他的阅历，这样他就不会见了陌生人不知所措，无话可说了。

学校里选拔小记者，小兵脱颖而出，即使他之前并没有上过作文、小主持人等兴趣班。他不单文章写得好，而且善于采访、选材，对事情也有独到的见解和想法。见多识广、出口成章的他，在小记者团中很快成了小能人，文章登上了报纸。他的自信心、责任感也随之日益增强。

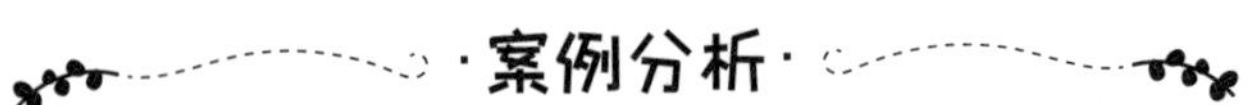

·案例分析·

小兵的父母并没有用各种培训班把孩子的课余时间塞得满满的，而是让大自然和真实的社会生活作为最好的老师，让孩子在实践中学习本领、提高能力。小兵厚积薄发，跳出了分数的框框，优势一下子就显现出来了。

小兵的父母认为，孩子能快乐幸福地成长比获得优秀的成绩更重要，所以充分利用课余生活促进孩子的健康成长、能力发展。

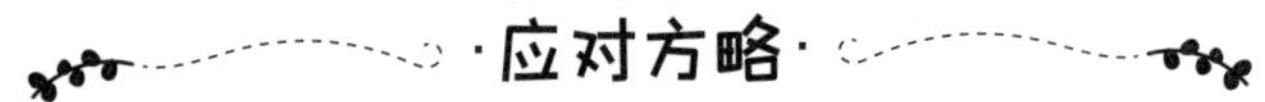

·应对方略·

一、恰当安排孩子的课余生活

“课余生活”是指学生在学校完成课程学习活动以后，在校内，特别是校外的自由活动。虽然学校也会安排一定的课外活动，但那只是学生在校学习之余有限的休息和调剂；

课余生活则更广地包括放学以后孩子的所有休息和活动，其空间包括家庭和社会，其时间包括节日、双休日和寒暑假等。

这些时间是很宝贵的，家长要安排好孩子的课余生活，在保证孩子有足够的睡眠和休息的同时，让孩子阅读，接触社会和大自然，得到玩耍、锻炼、劳动、学习和参与社会活动的机会，这对孩子的身心健康发展是极有好处的。

在家里：看课外书，下棋，画画，练习书法，听音乐，有节制地上网、看电视，种植花草，饲养小动物，做力所能及的家务等。

在大自然里：爬山、散步、写生、摄影、钓鱼、游戏、观察动植物等。

社会活动：看展览、参观纪念馆、演出、比赛、采访、社会调查、义务宣传、植树、打扫卫生、做志愿者、看望老师和同学、慰问孤寡老人和孤儿等。

学校活动：进行球类、田径类体育运动，做游戏，参加假日小队、学校组织的服务工作、义务劳动等。

对孩子的课余时间，家长要管，但不能管制得密不透风，把孩子“管死”。为了让孩子心情愉快地全面发展，家长一定要为孩子安排内容和形式都多样化的课余生活。

二、保证孩子自由支配的时间

法国家庭教育专家从成功与失败的家教案例中总结出一条经验——给孩子宽松的环境，多给他们一点自由。孩子有了自由支配的时间，就会去做自己乐意做的事情，时间一长自然就有了自己的兴趣爱好。这样的兴趣爱好是自然产生的，父母不用挖空心思地去引导，更不用逼着孩子每天去练习。因为是自己产生的兴趣，所以孩子就会乐此不疲。在自由支配的时间里，孩子就能自由自在地玩了。不要简单、消极地看待这种"玩"，玩也是学习，玩也是思维，玩也是创造。在玩当中，他们会增长智慧，学会独立思考，解决玩当中遇到的问题，这对于孩子来说是意义非凡的。让孩子有自由的空间，他便不觉得是被逼着在做事，会自己选择，自己衡量，慢慢就会自己拿主意，有主见。

想要保证孩子利用好自由时间，家长要教孩子学会做计划，做时间的主人。指导孩子有效支配自由时间的要点和步骤如下：

(1) 把"要做的事情"和"可做可不做的事情"分清楚，从重要的、难度大的事情开始做起。人的时间和精力是有限的，孩子要学会在许多活动中做出取舍，选择最重要的事情，以保证计划的施行。

(2) 了解自己可以支配的时间（特别是空闲时间）有哪些、

有多少，并正确地使用它们。

(3) 让孩子自行安排的时间不宜过长。

(4) 交叉安排，动静结合。把动脑和动手的事情、户内和户外的活动、感兴趣和不感兴趣的任务进行交叉安排。

家长可以指导孩子做好课余活动的短期计划（半天的、一天的、一周的计划）和长期计划（学期计划、寒暑假计划）。按照计划执行，孩子就能节省时间，用好自由的时间和空间。

三、让课余活动助力学习

孩子升入高年级后学习压力大，在双休日、节假日进行适当的文体活动，是一种积极休息的好办法。因为大脑皮层的兴奋点交替，促进血液循环，是消除疲劳、恢复精力、提高学习效率的有效途径。

有远见的家长会带领孩子参加多种活动。社会实践活动能使孩子扩大生活范围，提升社交能力，拓宽视野，还可以给作文提供素材，更能树立理想，收获智慧。也许，一次参观医院的体验就能让孩子树立济世救人的志愿；也许，一次部队操练的观摩就能让他立下保家卫国的决心；也许，一个科技成果展览就能把他带进科学研究的世界……孩子的兴趣爱好很可能就决定了他们的未来发展，不让孩子多看多试多做，他们怎能找到最适合自己的领域呢？

有著名教育家曾说：“只有当孩子每天按照自己的愿望随意使用五至七小时的空余时间，才有可能培养出聪明的、全面发展的人。离开这一点去谈论全面发展，谈论培养素质爱好、天赋才能，只不过是一句空话而已。”如果孩子能找到适合自己的事，有了对未来的美好憧憬，就会为之努力学习，做好准备，进入父母最想看到的“自觉”状态。

关键词 自护自救

给这小姑娘点一万个赞

·案例·

某日晚10时左右，某市一栋两层的民宅发生了火灾。爷爷奶奶和孙女睡在楼上，两位老人被烟熏醒后惊慌失措。13岁的孙女慧慧看到火光后，意识到是火灾，本想开门下楼看看，想起两天前看的电影《逃出生天》，怕像电影中一样发生爆炸，就没开门；打算从窗口跳下去，又想起爷爷奶奶年纪大，恐怕逃不出去。慧慧急中生智，搬起阁楼木梯架在窗沿上，自己下去后，大声喊爷爷奶奶从梯子上爬下来。爷爷想带点贵重物品，慧慧急得哭喊爷爷不要拿东西，爷爷这才顺梯逃离火场。不久，这扇窗户也被火焰吞噬了。

慧慧用爷爷的手机打119报警，准确说清了火灾地点，表示自己会在路口接应，而且她还不忘把邻居都叫醒。记者得知：火灾前两周慧慧的左脚大拇指刚做过手术，医生关照她少走路，她这一段时间都是坐轮椅的。“不过那时候感觉不到疼了，直到消防队员来了，我给他们指了路，然后就觉得脚疼得走不动了。”问她为什么在火灾中能机智、冷静应对，她说：“学校发过一本消防安全手册，我没事的时候就会翻一翻，班队课上老师也讲过防灾自救知识。我爱看灾难片，电影里的场景好恐怖，但也教会了我很多逃生知识。平时积累的安全知识，没想到真用上了。”

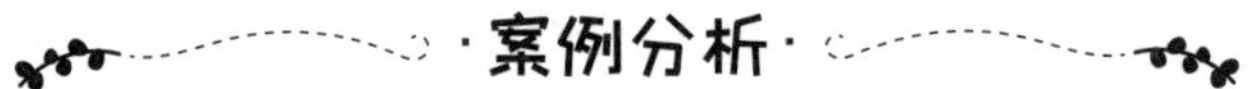

案例分析

13 岁女孩朱芳慧面对突发灾难不乱心神，不但成功自救，还救出了爷爷奶奶，保护了邻居，准确拨打了 119 报警电话。《无锡日报》《江南晚报》都在显要位置报道了她的事迹。我们要给这位机智的小姑娘点一万个赞，总结她的经验是：通读消防手册，平时爱看灾难片，安全知识积累让她不慌神，帮助她“逃出生天”，自救又救人。

父母对孩子负有主要的监护责任，维护孩子的安全是父母的基本职责，但父母不可能每时每刻都守护在孩子身边。当父母不在时，守护孩子的只能是他自己的安全意识和自护自救知识，这就需要父母平时有意识地对孩子进行安全教育。案例中火情发生时，芳慧父母不在家，妈妈事后赶来，和女儿抱着哭了好久。幸亏芳慧的学校重视安全教育，且她自己也善于积累并运用安全知识。

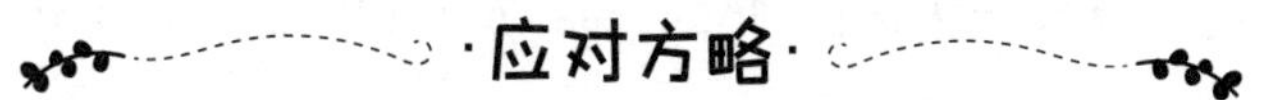

应对方略

一、帮助孩子提升自我保护的意识

孩子年龄小、经验少，对来自外界的危险认识不足。家长应该在安全和危险的对比中，让孩子有适度（过度则会导致孩子提心吊胆、缩手缩脚）的安全意识。比如小孩子都对火好奇，家长可以引导他观察家里的燃气灶，让他知道火能带来香喷喷的食物；陪同孩子观察燃放的烟花，让他知道火能带来美的视觉享受；再给孩子看防火宣传材料、有关火灾的影视节目等，让他知道火也能带来伤害和灾难。告诉孩子不玩火，教他如何使用灶具、电器。给稍大的孩子购买安全教育的书籍，寓教于乐，让孩子在自主阅读中增强自我保护的意识。

二、教会孩子自我保护的方法

生活是最好的老师，家长要在生活中对孩子进行自我保护方法的指导，尽可能避免意外伤害。

1. 交通安全

马路是免费的交通安全课堂，也是最重要的自我保护教室。带孩子过马路时说明：不要追逐打闹、进进退退；要走人行横道线，红灯停绿灯行；穿过没有人行横道的马路时，要左右看看，确定没有车子通过时再迅速穿越马路。还可就地取材，教孩子认识各种交通标志及其功能，让孩子在看到这些标志时，知道应该怎么做。

2. 居家安全

家长外出孩子独自在家时，家长要教他锁门、开门的方法，并约定开门的暗号，嘱咐孩子不给陌生人开门。要教会孩子正确使用常用的电器，不把手或其他物品伸进插座内部。常用的电话号码要牢记，比如父母的手机号码，公安报警电话 110、火警电话 119、急救电话 120 等。

3. 食品安全

家长带孩子外出购物时，教会孩子看食品外包装上的产品说明、产地、时间、产品标准、保质期、成分标示，以及绿色食品、有机食品和非转基因食品的标志；教孩子辨别各种食物性质和食物容器，知道哪些瓶罐容易碎裂；告诉孩子哪些食物容易堵住喉咙，不适合孩子吃。

小摊上的吸管糖色彩鲜艳，吃来香甜，摊主说是“韩国进口”的。小亮花 5 元钱买了 10 根，一口气吃了 8 根，晚饭前肚子就开始疼了。医生说是吃了不干净的东西，导致肠胃细菌感染。妈妈拿着剩下的 2 根吸管糖，给小亮上了一堂食品安全课，告诉他：食品外包装上应该标注“三有”，印有食品成分标示表、产品标准号，以及食品添加剂等，而这包吸管糖上什么标注也没有。小亮表示再也不买这类不合格食品了。

4. 游玩安全

外出游玩时，告诉孩子要听父母指挥，不要擅自单独行动，不能脱离父母的视线范围。如果去野外，要告诫孩子公路旁、高压塔下、变压器下，水深的河、湖、潭边，陡峭的山坡、断崖，林草茂密的地带，有危险不能去。如果去购物，一进商场，引导孩子首先看清总服务台的位置，约定万一走散了，就去那里会合，或请工作人员广播找人；告知乘电梯、自动扶梯时，哪些动作会有危险；指导孩子观察商场或地下车库里“紧急出口”“小心碰头”“小心滑倒”等标志。

三、训练孩子自我保护的能力

孩子有了自我保护的意识和方法，并不等于有了自我保护的能力。要让孩子自觉运用知识、方法，还需要家长创设模拟情境训练孩子，不断强化正确的做法，使之固化为习惯，最终形成自我保护的能力。比如，家长可以点燃驱蚊香，假设家中起火，示范弄湿毛巾、衣服掩住口鼻，在地上爬行，沿着安全方向逃生，然后让孩子模仿家长做一遍。重复几次，把火灾逃生方法演练熟了，再进行下一个情境（地震、洪水、入室抢劫等）模拟。让孩子在一个个情景模拟中，培养临危不惧、沉着冷静的心理品质，以及方法正确、措施得当的自救能力。

关键词 青春期特征

当焦虑症遇上青春期

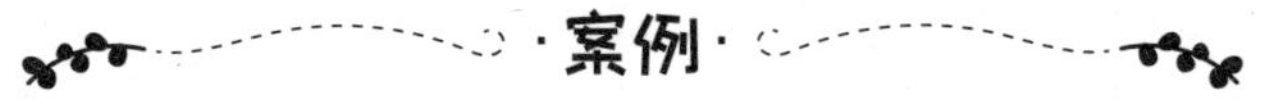

芳芳9月份刚升入六年级。10月的一天，她垂头丧气地拿着数学单元考卷回家了。妈妈迫不及待地迎上来："数学考了几分？"

芳芳不作声，只是低着头。

妈妈一边动手翻书包，一边唠叨："又考砸了？平时叫你认真点，你就不听。都六年级了，还不让人省心！照这样下去，你什么好学校也考不上。以后看你怎么办？"

芳芳听到妈妈的大嗓门，赶紧把门窗关上。

妈妈从书包里找出数学考卷，看了一眼又嚷嚷开了："这道题怎么又错了？上次不是教过你了吗？还错！你笨死了！"随着妈妈的嚷嚷声，芳芳的头越来越低。"你这样子肯定不行的。这个星期天开始给你补习数学！"

芳芳马上反对："我不补！我自己可以学好的。"

妈妈也很强硬："不行，必须补！你自己看看考卷，靠你自己就考了这么点分数，这样的成绩哪个中学要你啊？上不了好初中，就上不了好高中；上不了好高中，大学也没戏。将来工作都找不到，你会有什么出息啊？"

"没出息就没出息！反正我不学。我的双休日早就排满了，不仅要做作业，还要练钢琴、学作文。现在又要补习数学，你还让我歇口气吗？"

母女俩激烈地争吵起来，最后还是谁也不服谁。

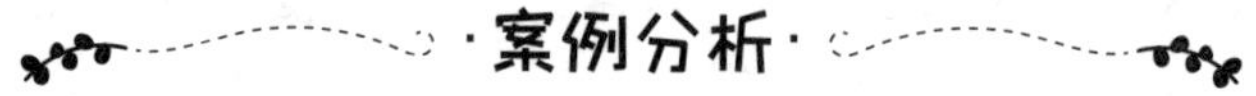

·案例分析·

案例中妈妈为芳芳数学成绩不理想而着急，心情是可以理解的，但是教育方式不对，引发女儿抵触、反抗，原因在于：

1. 缺乏谅解

六年级的孩子已开始进入青春期，他们变得敏感、自尊、逆反，所以与他们沟通要讲究技巧、把握分寸。妈妈对此显然完全不了解，采用了孩子最反感的方式。女儿的双休日被安排得满满的，希望妈妈心疼她，留一点休息时间，妈妈却毫不体谅。

2. 缺乏尊重

芳芳本已很沮丧，希望从妈妈这儿得到安慰和鼓励，可她得到的却是唠叨、责怪和谩骂，自尊心严重受损。她悄悄关上了门窗，怕别人听见妈妈嚷嚷，可是妈妈没有注意这一细节并改正言行。

3. 缺乏信任

芳芳表示自己可以学好，妈妈非但没有因势利导、趁机鼓励，激发她的上进心，培养自主学习的能力，还全盘否定，无情地摧残女儿的自信心。

4. 缺乏指导

妈妈没有和芳芳一起分析这次考试中存在的问题及产生原因，提出合理的建议，帮助孩子改进学习方法；而只是简单地想给孩子补习，徒增作业量。最糟糕的是她把孩子当作出气筒，只顾发泄自己的恶劣情绪，不是合格的教育者。

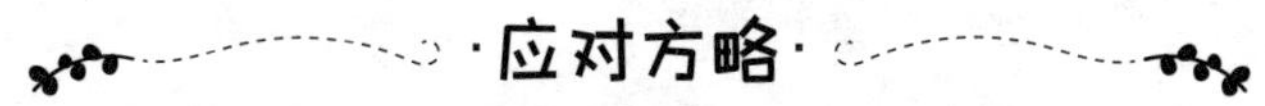

·应对方略·

一、了解青春期孩子的身心特征

孩子升入小学高年级，家长会觉得孩子变了：从温顺、听话变为急躁、倔强，做事不再遵从和依赖父母，有时故意逆反，亲子之间越来越难以沟通，冲突频频发生。这是由于孩子已经步入青春发育早期,登上了青春成长的“高速列车”。有调查结果显示，我国儿童青春期开始发育的平均年龄，女孩为 9.2 岁，比 30 年前的 12.5 岁提前了 3.3 岁；男孩一般比女孩晚 2 年。

1. 青春早期的生理特点

男孩——性器官逐渐发育，外生殖器长大；第二性征明显，声音变粗；身高、体重、胸围、肺活量、肌肉力量都增长；发生首次遗精。

女孩——性器官发育较早较快，乳房胀大，出现第二性征；皮下脂肪增加，骨盆扩大，身高、体重、胸围等明显增加；出现月经初潮。

2. 青春早期的心理特点

（1）智力发展显著。青春早期的孩子，感知灵敏，记忆力、思维力不断增强,逻辑思维能力逐步提升,思维的独立性、批判性、创造性逐渐增强，开始用批判的眼光看待周围事物，有独到见解，喜欢质疑和争论。

（2）自我意识增强。自我意识增强促使孩子观察自己、解剖自己、自觉进行自我评判，但对别人给予自己的评价非常敏感,常不认同。义务感和责任感迅速提高,独立能力增强,从渴望理解到主动交往。但小学高年级学生的自我意识还不够稳定，看问题往往主观、片面，易走极端，评价别人时也难免具有片面性、情绪性和波动性。

（3）性意识觉醒。开始意识到两性的差别和关系，以及由此带来的一些特殊心理体验，并逐步萌发对异性的关心、向往和爱慕之情。

这是青春早期的孩子最显著的心理特点。小学高年级学生与异性交往一般都感到不自然，对异性的好感朦朦胧胧。

二、有针对性的青春期教育

家长要根据青春期孩子的身心特点进行青春期教育，引领孩子健康、安全地度过这个特殊时期。

1. 家长改善教育方式，加强沟通

努力创设宽松的家庭氛围，多给孩子一些自主的时间和空间，多站在孩子的角度考虑问题。学会理解、宽容孩子，对青春期特有的“毛病”不必太介意，等待它随着年龄增长自然消失。

青春期的亲子沟通特别要注意：

（1）采用平等的态度和语气，多使用和善、建议的语气，不要老是用责备的口吻。耐心倾听孩子说话，认真和孩子交流，接受其合理意见，承认自己的过失，让孩子感到轻松、受尊重。

（2）沟通要经常、及时、自然，使孩子“放松戒备”，说出心里话和真实情况，不要摆出教训的架势。

（3）通情达理。了解孩子的真实想法、需要和苦衷，可原谅的就原谅、该体谅的就体谅，对孩子的苦恼、困难不能冷漠无情、无动于衷。不要使用命令式的言语，把自己的意愿强加给孩子。如果与孩子达成协议，家长就不能食言。

（4）家长要避免“教育焦虑症”，对孩子的学习不要过分苛求，及时向孩子表达自己的关爱，与孩子建立友好的关系。

2. 帮助孩子正确认识自己，掌控自己

给孩子讲解一些青春期的常识，让他及时了解自己的身心变化，知道会有怎样的后续发展，并学会正确对待这些变化和发展。

鉴于儿童性侵犯案件的有增无减，家长应该重视对孩子的性教育，用正确、开放的态度有分寸地和孩子谈性知识。性启蒙教育内容包括青春期生理知识、性心理疏导、性道德教育及自我保护指导。如果家长不知道该怎么讲解，可以给孩子选购一些相关的图书，让孩子通过阅读了解。

青春期早期的孩子情绪容易冲动，常与他人发生冲突，在成长的道路上产生的许多问题，又让他们不知所措。家长在孩子困惑时，要指导他们学会分析问题，并给予解决问题的可行性建议；当孩子受情绪困扰时，教他学会调控情绪、自我克制、合理宣泄的方法；对孩子的错误和缺点，入情入理地分析指导，避免不分青红皂白地训斥、批评、惩罚。

3. 妥善处理亲子矛盾

家长要坦然面对孩子的反抗和挑战，把他的独立要求和反抗行为视为自主能力加强的表现、成长的必然。对孩子的顶嘴、批评、不同意见，镇静地听取，巧妙地处理，不能立刻站在对立面进行压制。要表现出教育者应有的宽容和反思。

进入青春期的孩子，变化可谓日新月异。孩子在变，家长也要变，还要不断学习，跟上孩子成长的脚步。家长可以通过学习儿童心理学等知识及时了解孩子的身心发展特点，以便因势利导；也可以通过学习，掌握科学的教育手段、方法，及时更新自己的教育观念，正确有效地教导孩子。此外，可以培养与孩子相同相近的兴趣爱好，了解孩子感兴趣的东西，找到亲子沟通无障碍话题，建立更为亲密的亲子关系。

关键词 健康上网

网络的诱惑

·案例·

小文的接受能力很强，小脑袋里装的东西也多，可惜沉迷于网络，学习成绩一落千丈，为此没少挨打，家里也吵翻了天。

这天放学回家，妈妈追着他问要喝什么吃什么，小文烦躁地把妈妈推开："不要，不要！"书包一扔，便开始上网。爸爸回家看到小文又是没完成作业就在上网，立刻板起面孔："马上去做作业，听到没有？"小文头都没回一下，依然玩得不亦乐乎。爸爸气不打一处来，顺手抓起扫把就把儿子揍了一顿。妈妈赶紧跑过来，把小文护在身后："你打他干什么？一回来不是打就是骂，你自己不也是天天对着电脑玩？他玩一会儿怎么啦？"

这样的情景出现了无数次，每次妈妈都护着小文。爸爸已懒得跟她吵，自己回房去了。

·案例分析·

案例中小文沉迷于网络，父母态度截然不同：爸爸过分严厉，试图通过打骂约束孩子的行为；妈妈过度溺爱，一味迁就放纵。父母的对立冲突，导致孩子缺乏自控能力，我行我素，沉迷于网络而不能自拔。

网络时代的家长，既不必谈网色变，禁止孩子接触网络，又不能不闻不问、掉以轻心。家长要以积极的态度、恰当的方式引导孩子健康上网，密切关注、指导监控，还要控制自己的上网行为，做出积极示范，更应了解网络知识、掌握信息技术，才能预防孩子上网成瘾。

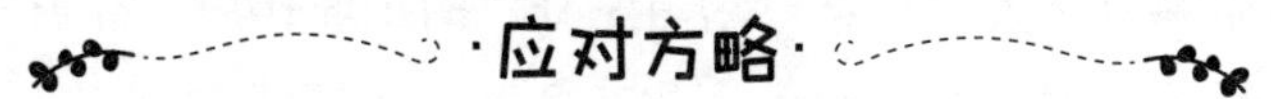

·应对方略·

一、正确认识网络的利弊

家长自己对网络要有全面的认识，才能引导孩子健康上网、趋利避害。

如果运用得当，网络可以成为孩子的良师益友。丰富的网络资源可以提高孩子的社会认知，扩大孩子的知识面。掌握基本的信息技术，是现代人必须具备的素质。但网络的游戏、聊天等娱乐功能，很容易吸引孩子偏离学习，还有一些儿童不宜的色情、暴力网站，犹如精神鸦片。孩子们自控能力弱、辨别能力差，极易沉迷其中，导致精神萎靡、视力受损、记忆力减退、学习效率低下等。

儿童一旦沉迷于网游，就会产生越来越强烈的心理依赖和反复操作的渴望，不让玩时便会出现情绪烦躁、抑郁等心理障碍和机体症状。网游成瘾与毒品成瘾的特征相似，故有人把网络游戏称为“电子海洛因”。网瘾一旦形成，也和毒瘾一样很难戒除，必须以预防为主。

二、筛选信息，保证内容健康

家长要向孩子推荐健康的网站，提供有益的信息；和孩子一起上网浏览、看新闻、聊天、设计网页，查找所需要的学习资料等，发挥网络“学习工具”的正面作用。特别要警惕黄色网站的诱惑，它会让孩子们产生对色情内容和网络的双重成瘾，甚至导致违法犯罪行为。

家长要了解孩子在玩什么网络游戏，和孩子分析这类游戏的好坏，拒绝对孩子成长不利的游戏。家长最好能掌握信息技术，用一些软件作为监督手段，屏蔽不良网站，有效地限制孩子上网的时间和内容。

三、订立规矩，确保网络安全

1. 控制上网时间

设定一个亲子双方都能接受的上网时限，商定每周每天上网不能超过多长时间；将上网时间设置成休息时间类型，比如学习1小时玩15分钟游戏，而不是大段时间连续上网。制定亲子双方都认可的惩罚规则，比如“如果当天超出约定的游戏时间，则取消一定游戏次数”。孩子是规则执行者，家长是规则监督者，在遵守规矩的前提下允许孩子适当上网玩游戏，家长做到赏罚分明。

2. 保护隐私

不把能确定身份的个人资料信息告诉别人，包括家庭地址、电话号码、E-mail地址、父母职业、家庭经济状况，尤其是电脑和银行卡密码，以及自己的学校名称等。未经父母同意，不在网上发送自己和家人的照片。如已公布照片或泄露隐私，要告诉父母。

3. 不与网上认识的人见面

父母可用大量与网友见面后被骗受害的事实提醒孩子，绝不能单独与网友见面。

4. 辨别好坏

不要浏览儿童不宜的网站或栏目，无意间进入了要立即离开。进入聊天室要告知父母，必要时由父母确认该聊天室是否适合小学生使用。如果遇到带有侮辱性、攻击性、威胁性，或黄色、暴力等内容的邮件、帖子或图片，不要回答或反驳，要马上告诉父母或通知服务商。

自己也不在聊天室或微信中散布对别人有攻击性的言论，不要传播或转贴他人违反中小学生行为规范，甚至触犯法律的内容，网上网下都做守法的小公民。

5. 绝不轻信

家长要让孩子明白网络的虚拟性，在网上读到的任何消息都可能是虚假的，绝不能什么都相信。知道网上有陷阱，时时要小心，不要受诱惑，不随便点链接。

四、多种措施，帮助戒除网瘾

1. 缓步前进

对于已经上网成瘾的孩子，如果采取决绝手段立即严禁孩子上网，结果可能适得其反。太过强硬的手段易使孩子产生强烈的对立情绪和逆反行为，要给孩子一个缓冲期（过渡期），即心理适应期。家长可与孩子取得共识：上网必须在完成学习任务之后，逐渐减少上网、打游戏的时间。然后一起制订计划，例如“三个月戒除网络游戏瘾进程表”：

你现在每天玩游戏__个小时，学习__个小时，与人交往__个小时，其他休闲__个小时。

第一个月玩游戏减__小时，学习__小时，与人交往__小时，其他休闲__小时。

第二个月、第三个月以此类推。

进程表中横线的空白处要孩子自己提出目标，自行填写。然后一起制定家长监督办法和奖惩制度，并付诸实施，持之以恒。

2. 丰富生活

有些孩子是因为性格内向，没有朋友，少有成功感，所以产生对网络的过分依赖，以获得心理上的满足。他们在网络中结交朋友，建立虚拟的“亲密人际关系”，暂时逃避现实中的孤独感；在网络游戏中寻求虚拟的成功，取代现实中的挫败感。

父母要尽量抽出时间陪伴孩子，成为孩子的好朋友，通过良好的亲子互动、平等交流，给孩子更多的表达情绪的机会。亲子一起进行户外运动，去博物馆、书店、名胜古迹，一起听音乐会，看影视等，既能分散孩子对网络的注意力，让他感受到生活是丰富多彩的，自己的生活不必局限于网络，又可增加亲子间的话题，增进亲子感情。

3. 请求外援

有的孩子长期与父母对立，无法正常沟通，需要求助外援。请素养较好、在孩子心目中有威望的老师、亲友、社区工作者或心理咨询师与之沟通，进行辅导。网瘾严重者需进行心理治疗。

— 合作交往篇 —

害羞的骏骏

·案例·

双休日，骏骏到爷爷奶奶家度周末。穿过小区花园，邻居张阿姨迎面走来，笑道：“几天不见，骏骏又长高了啊！”骏骏怯怯地往妈妈身后躲去，一声不吭，妈妈拉拉骏骏的手，示意他出来，他却缩得更靠后了。妈妈说：“骏骏，快喊阿姨啊！”骏骏依旧没有反应，大家都很尴尬，妈妈只能解释道：“这孩子不太会说话，胆子小着呢。”

“爷爷、奶奶！”骏骏进门就喊，看见一位陌生的叔叔坐在沙发上，拿着一个游戏机。骏骏直愣愣地盯着看，叔叔看出了骏骏的心思，说：“到叔叔这里来，喊我一声，就给你玩儿！”骏骏挪到妈妈身边，轻声说：“你去帮我拿。”妈妈说：“要玩你自己去呀！”骏骏又是拉奶奶的裤腿，又是指挥爷爷去要，但始终不敢走到叔叔面前。爷爷奶奶闹不过，就帮他要到了游戏机，骏骏拿着一个人玩去了。

骏骏内向、胆小、害羞，就像一棵含羞草。爸爸妈妈觉得要引导他勇于交往、学会交流、合作合群、融入集体。于是，每天放学后，父母让他和小区里的孩子们玩一个小时。周末，妈妈带骏骏串门走亲访友，爸爸带他去足球场上出汗出力，通过踢球交了一些好朋友。父母还给他布置一些小任务，比如帮忙给老师传话，增加他主动亲近老师的机会，学会正确转达；让他试着主动跟同学说一两句话，打招呼、问问题。半年下来，骏骏不害羞、不孤独了，嘴里常冒出一些父母不认识的小朋友的名字。

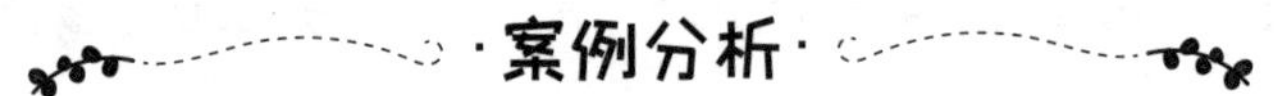

·案例分析·

小学里常有这样的学生：上课不敢举手发言，集体活动时置身事外；没有勇气主动和别人交往，不爱说话，动辄脸红，不敢抬头看别人，做客和来客时不敢与别人谈话；没有信心，担心交不上朋友。因为交不上朋友，看见别人朋友多，羡慕且苦恼。同龄人对这样的孩子，既不喜欢，也不讨厌，只是常会忽略了他们。

这类孩子大多是独生子女，在全家无微不至的呵护下，独占一切、独来独往。他们多表现为有依赖性或顺从性，退缩，胆小，孤僻，不愿、不敢也不善与人交往。孤独使孩子失去许多社会规范的学习机会，难以形成健全的人格。“害羞”背后其实是面对他人和集体的不知所措，缺少交往的勇气、经验和技巧。

家长应该帮助孩子克服羞怯、恐惧的心理，鼓励他参与群体活动，学习人与人的相处之道；学会融入集体，体验在群体中生活的快乐，吸取向上的力量。案例中的爸爸妈妈发现骏骏不敢与人交往后，没有说教、批评，而是分析他害羞的原因，采取了虽然不可能一蹴而就但切实有效的方法，让他在与人交往上有了显著进步。

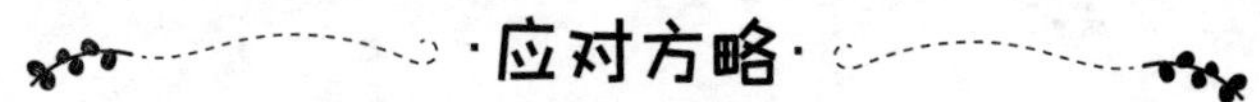

一、创造温馨、热闹的家庭氛围

组织多种多样、有众多亲友参加的家庭活动，给孩子提供与人无拘无束交往并展现自我的机会，不当众说他胆小害羞，教他学会和人交往，及时给予鼓励。

二、教给孩子交往技巧

1. 学会主动

家长示范主动和人打招呼，引导孩子对家里人嘘寒问暖，对街坊邻居主动问候，对同伴热情邀请，对为自己提供服务和帮助的人（司机、医护人员、服务员、营业员、美发师等）表示感谢。同时家长要鼓励孩子主动在公众场合讲话。

有个叫佳鸣的孩子内向胆小、很少发言。妈妈请几位亲戚带孩子来聚会，进行知识竞赛时，有一个问题把大家难住了，几个活泼的孩子都答错了。佳鸣慢慢举起手，缓缓站起来，答对了，但声音小。爸爸夸道："好棒！得分！你就像自己的名字一样，不鸣则已，一鸣惊人！你能不能大声点重复一遍给大家听？"佳鸣满脸通红，响亮流利地又说了一遍，所有人都热烈鼓掌。有了首次突破自己获得成功的经历，这个孩子上课举手的次数多了，在外人面前渐渐敢说话了。

2. 学会融入

利用身边的鲜活例子，让孩子掌握一些交往技巧，知道如何融入集体。例如怎样向别人表达善意、赞扬和支持，如何用恰当的语言表达自己的感受和需要；怎样在集体活动中展示自己，而又不过分张扬；怎样使他人接纳自己，顺利进入某个群体；与他人产生矛盾时，如何宽容忍让，通过"心理位置互换"理解体谅他人，避免冲突等。

三、鼓励孩子和各种各样的人打交道

与陌生人交往比和熟人交往更难，也更重要。家长要提供一些相对安全、又能和陌生人接触的机会，让孩子练习。

每天有一段时间，让孩子到小区去找玩伴，滑轮滑、玩运动器械、谈天说地……在和同龄伙伴的玩耍中，孩子学会制定和遵守规则，实践父母所教的交往技巧，锻炼了独立面对问题、解决问题的能力，积累交往经验。

让孩子参加集体性质的业余兴趣班（合唱、舞蹈等），和有共同兴趣爱好的人一起活动（踢球、登山、摄影、制作食品等）。在活动过程中，孩子会产生集体荣誉感，为了团队的目标，舍弃自己的一些想法，懂得退让，懂得付出。

孩子能顺利融入一个个小集体，获得成就感和愉悦感，会变得自信开朗，将来面对社会大集体，也能应对自如，实现自我价值。

关键词 情绪管理

野蛮小女蜕变记

昕昕长得很淑女，留长发，穿长裙，是个粉红控。谁会想到她的性格竟有点小野蛮！

昕昕在家时常发小脾气，一点小事不顺心，嘴就嘟得老高，关在房间里生闷气，桌、门、毛绒玩具随时都会变成她的出气筒。

上小学后，昕昕因欺负同座的男生，已被换了多次同桌。妈妈三天两头被同学的家长告状：昕昕在谁的脸上戳了一下、把谁的本子划破了……因此，入队选拔时，虽然昕昕的学习成绩优秀，可同学们都说她是“野蛮女生”，不愿选她入队。

妈妈很苦恼，意识到不能再让她野蛮下去了。当昕昕故态复萌时，妈妈先开启了“红灯”，离开昕昕，给她时间和空间“冷却处理”；然后换成“黄灯”，和女儿谈心交流，了解情况。

妈妈帮助分析事件，让昕昕认识到自己的不理性。最后妈妈亮起“绿灯”，教给她和谐的处理方法，鼓励她采取积极的行动改正错误。

一段时间后，昕昕与同桌有矛盾时会主动退让了，家里的“出气筒”也太平了。在妈妈的鼓励下，昕昕竞选上了班干部。

·案例分析·

妈妈面对昕昕的坏脾气没有一味地责怪和惩罚，而是巧妙地为她开启了“情绪交通灯”。“红灯”就是等一等，冷处理，不急于解决问题，给孩子情绪稳定的时间和空间；“黄灯”是帮一帮，心平气和地和孩子一起分析事件和行为，让她认识到自己的错误，感受到妈妈是在帮助自己；“绿灯”则是教一教，让孩子勇于承担责任，知错能改，吸取教训，教给孩子弥补的措施，让她知道下次再遇到同类事情时的处理办法。

昕昕妈妈在帮助孩子管理情绪时，以朋友的方式与孩子心平气和地聊天，孩子愿意说出自己内心的想法，在妈妈的帮助下认识自我。妈妈还鼓励她以积极的态度面对错误，勇于承担，且积极争取为他人服务，为集体做贡献。点滴转化，日积月累，“野蛮女生”变成刚柔结合的小干部。

令人不解的是：这么一位妈妈，在过去的六七年中怎么就没有发现并帮助女儿改正情绪急躁、行为粗暴的缺点呢？

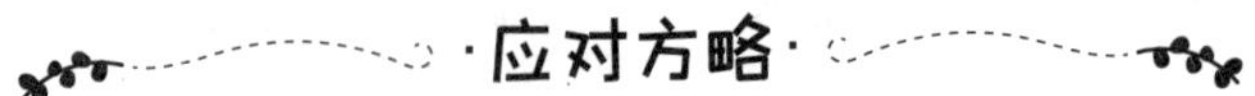

·应对方略·

孩子的情绪问题不可忽视，家长应在日常生活中抓住各种契机，教给孩子自我调节、自我控制情绪的方法，培养自我管理情绪的能力。

一、教孩子学会自我降温

当孩子出现负面情绪时，先让孩子“自我降温”。如果家长急于做“消防员”，用哄骗或责罚的方式熄灭孩子不良情绪的火苗，孩子就失去了锻炼自控能力的机会。

“自我降温”是指自觉努力使激怒的情绪降至平和的抑制状态。孩子心理不成熟，要求他用内在的理智来抑制和消除不良情绪，是不现实的。家长要教会孩子主动采用外在的手段来管理情绪，使自己冷静下来。比如，当意识到自己很生气时，立即离开令自己愤怒的人或现场，找个安静的地方待一段时间；用冷水洗脸，在空旷的户外大喊几声，深呼吸几下……将负面情绪尽快宣泄掉。爱生气的孩子，可以写一个小纸条“不发脾气，不生气”放在口袋里。生气时就掏出小纸条看一看，或将手插到口袋里摸摸纸条，提醒自己控制情绪。

二、教孩子学会主动宣泄

家长常能敏锐地发现孩子的情绪表现，却听不到孩子对情绪的表达。成人也知道心里不痛快时说出来就轻快好多，因为“倾诉”和“宣泄”有减压作用。家长可以告诉孩子，出现不良情绪时，除了想想值不值得为这件事影响情绪，还要表达出来，及时倾诉，取得别人的理解和帮助；或通过合理宣泄，恢复自己的心理平衡。对于小学低年级的孩子，引导他向爸爸妈妈或老师倾诉，甚至可以对喜欢的毛绒玩具倾吐，也可以用画画或写话的方式一吐不快。对于高年级的孩子，引导他学会主动向同伴倾诉，向自己信任的人求助。如果与人当面交流难以启齿，则可以写写日记等。

三、教孩子学会转移注意力

当人受到不良情绪的影响时，大脑皮层就会出现一个兴奋灶。只要控制兴奋灶，人也就能从不良情绪中解脱出来。当孩子出现不良情绪时，家长可以引导他听听舒缓的音乐，看看有趣的电视节目，翻翻画册，读读课外书，还可以到室外玩耍、运动，做自己喜欢的事情，以此来转移注意力，淡化不良情绪。

四、教孩子学会换位思考

告诉孩子，发生矛盾冲突时，人往往会“错误归因”，会觉得自己没错,全是别人的不对。我们要学会“正确归因”，冷静全面地思考事情究竟是怎么发生的，自己有哪些地方说得不妥，做得不对，对方这样说、这样做是否有道理。

换个角度看问题，情况就会大有不同。可从两个方面着手教孩子换位思考：一是把自己当成他人，站在别人的立场上想问题，想想当事情发生时，如果自己是他，会怎么想，怎么说，怎么做。以此来让孩子理解他人的行为，这样他的不良情绪就会得以缓解。二是充分考虑对方当时的处境，体谅对方的内心，想想对方是不是有可以谅解、应该同情的原因，比如他受到老师家长的批评、同学的嘲笑冷落，所以心情不好，态度不好。以此唤醒孩子的同情心，不计较小事，化解双方的不良情绪。

五、教孩子学会宽宏大度

宽宏大度是中华民族的传统美德。孩子有一颗宽容的心是非常珍贵的品质，这对其个性的健康发展、良好人际关系的建立有着非常重要的意义。孩子在外面受了委屈，家长自然很心疼，但如果在孩子面前表现这种心疼和偏袒，孩子就会觉得“唯我独对”。如果家长以身作则，注意言行，宽厚待人，那么孩子收获的就是一颗宽容的心，自然也就能避免不必要的矛盾冲突，摆脱不良情绪，成长为胸襟宽大、心境良好的人。

关键词 分享

珍惜伙伴情

·案例·

明明的同学来家里做客，两个孩子玩得很开心。妈妈端来一个漂亮的果盘。明明从果盘里拿出一些水果分给同学吃。可不知为什么，明明突然不高兴了。很快，两个人开始闹矛盾了，最终不欢而散。

等同学走了，妈妈问他："你怎么了？吃完水果，你就变得很奇怪，故意找碴儿，把同学都气走了。"

明明嘟起了嘴巴："谁让他吃了我的杧果，那是我喜欢吃的，我的杧果！"

妈妈很惊讶："不是你自己分给同学吃的吗？"

明明嚷嚷起来："我没想到他真的吃了，我以后不跟他玩了。"

全家人愣住了，原来孩子是这样想的。

明明家是典型的“4-2-1家庭”，爷爷奶奶、外公外婆、爸爸妈妈，这么多大人都宠着一个孩子，平时，好的都是留给孩子的。到了集体的环境，孩子不会分享，也就很难收获友谊。

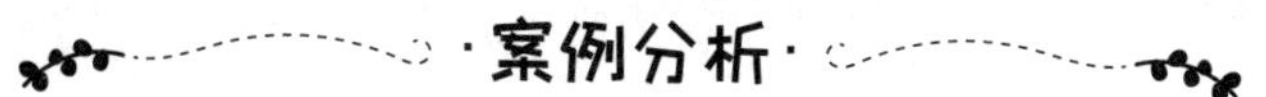

·案例分析·

众多家长都把孩子捧在手掌心，“过多的爱”强化了孩子的独享意识，他们理所当然地把好吃的、好玩的全据为己有，不愿与他人分享。在家如此，到了学校、社会上也是如此。所以孩子之间的友谊往往不牢固，但凡触犯一些自己的利益，就会起矛盾，产生裂痕。

明明的家长平时总是把好的东西留给孩子，当需要分享时独享惯了的明明就不高兴了。自私、小气的孩子不但不能收获真正的友谊，也难以形成健康的人格。

·应对方略·

孩子和小伙伴朝夕相处，他们之间需要包容、分享、合作。家长可以通过有目的的教育活动和日常生活内容，来培养孩子自发的分享行为，让他充分体验友谊带来的快乐和满足。

一、平等对待每位家庭成员，不给孩子特殊待遇

家庭餐桌上常听到这样的话："鱼肚子上的肉最嫩，儿子，你多吃点！""你怎么跟孩子抢啊！把鸡腿留给孩子！你吃鸡胸骨吧。"孩子受到这样的特殊对待，不断得到"孩子是至高无上的，一切好东西都归他独享"的心理暗示，就觉得自己是家里最重要的人，理所当然地应该独享最好的东西。在这种负向引导下，他怎么能学会体验别人的感受、照顾别人的需要呢？

家长们从语言上和行动上都要以平等的态度对待每一位家庭成员。孩子是很重要，但不应该享受区别于其他家庭成员的专权，该给孩子的要给，不应该给的就没必要什么都宠着。家里的好东西，所有家庭成员都要分享，不要一切以孩子为中心，无限制、无条件地满足孩子的一切需求，给予他特殊的地位。应该适当地让孩子明白，他所得到的不是理所当然的，而是大家因为爱他而给予他的；他爱谁，也应该和谁分享好东西。这样，孩子就不会以自我为中心，而会懂得感恩，不斤斤计较，与小伙伴的相处也会更为融洽。

二、父母树立分享榜样，接受孩子的分享行为

身教重于言教。父母要为孩子做出示范，有意识地在孩子面前与家人分享自己喜欢的东西。比如，吃蛋糕时，问问孩子和老人：“要吃一块吗？”买回好东西，打电话问问自己的父母、公婆：“要给你们送点过去吗？”摘了杨梅，提着篮子去邻居家敲门：“刚摘的杨梅，大家尝尝吧！”注意让孩子观察父母和家人、朋友是怎样相处的，在潜移默化中学习友谊的建立方式。

当孩子偶尔做出分享行为时，一定不要谢绝，要诚恳地接受他的好意，而且要谢谢孩子。所有孩子都是喜欢得到别人表扬的，不管是物质享受还是情感享受，当他有了分享行为时，家长就及时地以鼓励、赞许、奖励等外部激励的方法来强化孩子的分享行为。

三、提供同伴交往的机会，证明友谊能带给人快乐

现在的孩子缺少同龄小伙伴，总是一个人在家待着。家里的玩具、吃的、用的，不管什么东西都是他自己的，他也没有机会学习如何建立友谊，因此很难学会与人相处，也体验不到合作和分享带来的快乐。家长应扩大孩子的交往范围，确保孩子有较多的玩伴，创造更多的机会让孩子与小朋友们一起玩。可以让孩子参加活动课、夏令营，也可以邀请小伙

伴来家里玩，让孩子在群体的游戏交往中变得大方得体，学会与人交往的技巧，养成关爱他人、谦让友好的行为习惯。伙伴情会在学习包容、分享和合作的过程中形成、深化，成为孩子一生的财富。

关键词 宽容

球拍被踩断了

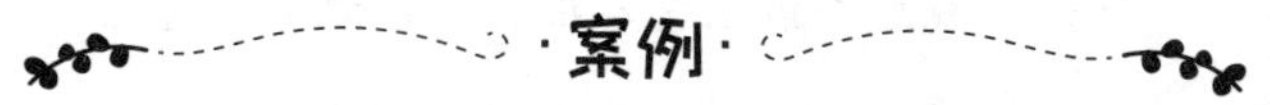

·案例·

嘉嘉从小酷爱羽毛球，终于在二年级下学期加入了校羽毛球训练班，一家人特意赶赴体育用品商店精挑细选了一副球拍送给嘉嘉。他快乐地抚摸着崭新的球拍，爱不释手，眼角眉梢写满了喜悦。他向家人承诺："我一定好好学打球！"

可好景不长。一天放学，嘉嘉难过地告诉妈妈，训练时，一个小伙伴不留神把他心爱的球拍踩断了一根，他很伤心，尽管那个小伙伴答应赔他。妈妈听了有些担心，毕竟这是他视若珍宝的东西。在详细了解经过后，妈妈安慰了嘉嘉一番，让他别把这件事放在心上，还肯定了嘉嘉在事发后没有与小伙伴发生冲突，而是选择和平解决的方式。

时隔一天，嘉嘉忧心忡忡地告诉妈妈，小伙伴并没有如约赔他球拍。看着儿子一脸的气愤，妈妈平静地说："为什么一定要他赔呢？他也是无心的，我们还有另一支球拍可以用。你大度些，不要他赔了，别伤了小伙伴的友情！”嘉嘉应了声，但显然还不服气。

又隔了一天，妈妈在翻看嘉嘉作业时无意中瞥见日记本上写着：“小孙不小心把我的球拍踩坏了，答应赔却没有赔。今天见我还脸红，远远走开了。我想，他是怕家人责怪，不敢说，或者有其他什么原因。算了，不要他赔了，他也不是故意的。于是，我跑去跟他说不用赔了，他不好意思地笑了，我们又一起开心地练球了！”妈妈读着日记，又看了一眼熟睡中的儿子，也笑了。

·案例分析·

这不是一副普通的羽毛球拍，因为它承载着一个孩子最初的小小梦想，更因为它的存在与失去教会了孩子“宽以待人”的美好品性。

爱不释手的球拍被踩断，难免痛心与不舍，但嘉嘉从和气商量赔偿再到大度放弃赔偿，其成长令我们欣慰。这其中，妈妈的作用不容小觑，宽容的嘉嘉是宽容的妈妈之缩影。整个过程中，妈妈既是嘉嘉心情变化的参与者，也是嘉嘉处事态度变化的引领者。

·应对方略·

宽容的习得是一个长期浸润的过程。

一、言传身教，润物无声

作为孩子的“首任老师”，也是“终身教授”，家长的言行是孩子最初、长期模仿的对象。家长在处理日常生活和工作中的人际关系时所表现出的宽宏忍让、不计得失，对待孩子的闪失时的谅解和酌情处理，会在孩子幼小的心田里播下一颗宽容的种子，让孩子在人际交往中具备基本的良好态度。

日常生活的点滴渗透是家庭教育的上上之策。利用故事、书籍、影像资料，以及生活中鲜活的例子，润物无声地将宽容的阳光折射到孩子的心头。这样的方式将潜移默化地改变受教育者。

二、善抓契机，因势利导

理论与实践的差距在于，后者因身体力行而更具备“穿透力”与“渗透性”。因而，教会孩子宽容最有效的方法是遇事处理过程中的引导。生活中的摩擦，例如物品的损坏、玩耍时的碰撞、相处时的不悦，或者同伴的刁难、淘气的恶作剧等，每一件小事的发生都可以被当作引导孩子成为一个宽容的人的契机。

引导孩子宽容的方法可能不尽相同，但一致的是，引导孩子换位思考能帮助他更好地了解他人的心情，稳定自己的情绪，反思自己的处理方式。案例中嘉嘉正是因为体会到了小伙伴的苦衷，才心服口服地接受了妈妈“宽容”的建议，从而化解了矛盾。

很多时候孩子间的矛盾和不满是因为损害到了自己的利益。家长可以重设情境，让孩子设身处地站在同伴的立场上，想想如果是自己，当时会怎样做？看看对方的行为是否可以理解和原谅。如果可以谅解，疙瘩自然就会化解。

如果同伴的行为确实不可取，那就换一个角度引导，让孩子历数朋友的优点和曾给予自己的帮助，回想两人要好时的快乐，体会友情的可贵。让孩子认识到人无完人，对他人不能苛求完美，朋友之间要互相包容，多看对方的优点，同时不断地完善自己。

有了生活中的耳濡目染，有了长期的情感熏陶，体会到“退一步，海阔天空”，再加上日常生活中不断践行，宽容就会在孩子幼小的心田里慢慢发芽、开花。如果家长能进一步引导孩子经常总结自己在同伴交往中“因宽而得，因私而失”的经验和教训，孩子的心田里就必定能结出宽容品性的硕果。

关键词 勇于担当

由伤害事故引发的思考

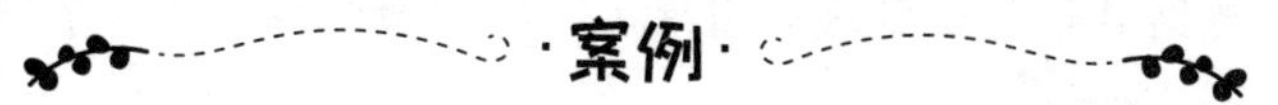

·案例·

小慎在学校闯祸了。妈妈下班回家，小慎显出一副做了错事而不知如何解决的局促神情。妈妈把儿子叫到书房轻声询问，他很委屈地诉说了经过：课间休息，他和几个同学追逐打闹时，把陈勤同学推倒在地，陈勤后脑勺着地，当时没有什么异常；但中午吃饭时陈勤说头昏，老师立刻让家长接陈勤回家休息。

听完讲述，妈妈先问小慎是不是故意的，他说不是的。妈妈说：“我相信你，但是你觉得我们应该做点什么呢？”小慎表示要向陈勤说对不起，问问他现在怎么样了。

于是，妈妈先和陈勤妈妈取得了联系，得知陈勤去做了脑 CT，目前并无大碍。接着两位妈妈的通话换成了两个孩子的对话，虽然有些前言不搭后语，但是妈妈听清小慎跟陈勤道了歉，问了目前情况，还说要继续一起玩。挂了电话，小慎轻松了很多，对妈妈说要给陈勤准备个小礼物。妈妈说："好啊，你用什么钱买慰问品呢？是不是用自己存钱罐里的钱？"小慎立马说是。

妈妈让儿子牢记：同学一起玩要要注意安全，做了错事，即使是无心之过，也应该及时向对方致歉。又告诉他，如果自己的行为导致了较严重的后果，应该如何处理、如何担当；万一遇到自己无法解决的困难，可以向爸爸妈妈寻求帮助。

小慎卸下了心里的包袱，脸上又映照着阳光。

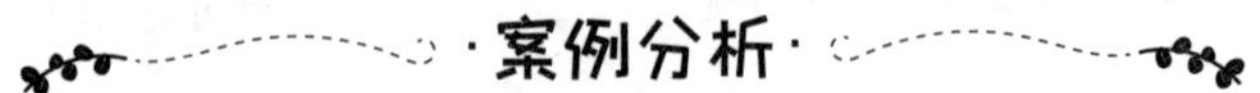

·案例分析·

案例中的妈妈巧妙地对孩子进行了勇于担当责任的教育。面对不知所措的孩子，妈妈并没有直接告诉孩子该如何去做，而是引导他自己想办法解决。孩子也主动提出要向同学道歉、关心同学伤情，并且要买小礼物慰问。妈妈让孩子明白自己行为导致的后果要自己承担，要亲自道歉，并且让孩子用自己存的钱买慰问品。妈妈还趁热打铁，进行安全教育，告诉孩子遇到类似事件的处理方式，强化其责任意识。

·应对方略·

一、错误方家长须弄清事实，及时引导

1. 弄清事实

孩子伤害了他人时，家长首先应当心平气和地了解事情的来龙去脉，给孩子陈述的机会；家长一边听，一边细心分辨，弄清孩子做错了什么，应负多大责任，该如何承担责任。如果孩子并非故意为之，已经处在自责无助的情绪之中，家长要安抚孩子，消除其惶恐的情绪，可以表示信任和理解。

如果孩子一发生问题，家长总是不问缘由地一番训斥，一顿痛打，会让孩子在下次犯错时产生逃避心理，不愿意承认错误、承担责任。为了逃避惩罚，孩子会说谎或拒不认错，不但养成不良品德，也阻碍了亲子间的良性沟通。

也有家长被盲目的爱遮住眼睛，听到孩子跟自己反映过错，总是不分青红皂白地原谅、庇护孩子，甚至跑到学校、居委会辩解、吵闹。在无原则“护犊”的父母的袒护下长大的孩子，在学校中唯我独尊，蛮不讲理，常与同学、老师发生冲突，从不认错，更难改正；到社会上，不遵纪守法，易走极端，破坏性、攻击性强，甚至走上违法犯罪道路。

弄清事实、允许申辩，晓之以理、引导认错，帮助改错、导之以行，这是许多家长总结出来的一帖化解问题的良药。

2. 让孩子承担责任

在孩子消除焦躁情绪后，先让他自我反省、认识错误，父母从旁引导，让孩子自己找出解决问题、弥补错误的办法。如果孩子确实想不出办法，家长再适时指点、提供建议，共同商量妥善的解决办法，以培养孩子担当责任和处理问题的能力。

有了合理的处理办法，要让孩子照此主动实施；家长可以陪同，可以提供支持，但不可越俎代庖。让孩子知道：但凡因为自己的行为产生的后果，不管是有心还是无意，都要由自己来担当。出现伤害事故，要第一时间诚恳道歉，表达关心，取得对方的原谅，并且要想办法弥补对方的损失。涉及买小礼物、小额医药费等，让孩子用自己的零花钱来付；如果不够，家长可以借给孩子，但要跟孩子明确，这部分“借款”是要靠他自己的努力来偿还的，偿还方式共同商定。这样做是为了让孩子进一步明确责任意识。

3. 吸取教训

事情解决之后，先肯定孩子在处理过程中做对的地方，继而总结如何避免类似情况再发生，万一再发生该如何去解决问题、承担责任。同时引导孩子说出伤害事故发生时心里的感觉，让孩子明白不注意安全，伤人也伤己；想要开开心心地玩，就要强化安全意识，因为伤害事故是可以避免的。

4. 适度处罚

对孩子过错的处理，要区分轻重。如是无心的闪失，算不上“错误”，无须批评、惩罚。如果是故意打人、骂人，损坏东西，则决不能轻视，要求孩子在认识错误的基础上，向父母认错，向对方道歉；错误较严重的，要酌情适度惩罚，比如不给他看喜爱的动画片，取消原定的奖励，少带他去公园一次等。对孩子有意犯错的行为不能掉以轻心，三言两语简单处理。

二、被伤害方家长须了解真相，宽容相待

在伤害事故中，受伤害的一方同样需要冷静、妥善地处理，将事故的发生演变为教育契机。

1. 了解真相，分清责任

自家孩子受了伤害，家长当然心疼。但是此时要做的第一件事，不是只顾责备对方，一味袒护自己的孩子；而是保持冷静，多方调查，了解真相，看自己的孩子是否也有责任。然后尊重事实，公正处理。不能一看到自己的孩子受伤，就把责任全部推到对方或老师身上。

当然，也不能为了表示对自己孩子严格教育、对别人宽容大度，不容分说地先把自己的孩子训斥一顿，使之蒙受委屈。这样孩子会感到无人理解，对家长不满、不信任。

2. **体谅对方，宽容相待**

弄清事情的过程后，父母应该和孩子找原因。对于别的孩子无意造成的过失，家长应本着善良诚恳的态度，教育自己的孩子原谅对方，从小培养孩子宽广的胸襟；如果自己的孩子对于事故发生也有责任，那就明确指出，让孩子知道自己错在哪里，培养其是非观念，改进其行为方式。

接下来，亲子共同商量：对方来沟通，如何应对；对方道歉或不道歉、赔偿或不赔偿，自己持何态度；老师来调解或征询意见，自己提出怎样的解决方案。做到心中有数，避免临场冲动使事态复杂化。

孩子间发生了伤害事故，双方父母交换意见时，受伤的一方父母如能体谅对方，接受道歉，并引导孩子原谅同学的过失，就为双方孩子做出了榜样示范。他们对父母友好、妥善地解决问题会看样学样，并由此养成豁达、宽容的性格，拥有和谐的人际关系。

总之，当孩子之间发生伤害事故时，家长不要过分纠结于事情本身，而要着眼于把解决问题的过程变为孩子成长的“营养”，教会孩子正确处理矛盾的方法，引领孩子走向健康的成长之路！

— 亲子交流篇 —

关键词 耐心陪伴

怎么又没满95

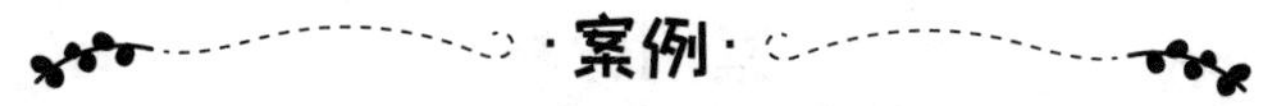

·案例·

又要单元测试了，安安妈妈一下班就赶回家督促女儿复习。安安前两次数学单元测试都没有考到95分，不是理解错题意就是不会举一反三。妈妈很是着急，要求今天多做点题，打翻身仗！妈妈回家后，先是吩咐安安将曾做错的题重做一遍，再从课外习题集上找了几张卷子，做完再批改讲解，直至安安眼皮子打架、哈欠连连才算罢休。

第二天一大早，妈妈就叫醒了安安："今天考试得早点起，这次可别再犯糊涂了。"把安安送到学校后妈妈又是一番叮嘱："考试要细心，等着你的好消息。"安安不耐烦了："妈妈，你都快成复读机了！"

上班时，妈妈心神不宁，总想着女儿的考试……终于下班了，妈妈迫不及待地冲回家，一进门便问："考得如何？"

安安神情黯然：“93。”

“怎么又没满95？快去把卷子拿来！”妈妈指着卷子上的一道错题，生气地说：“类似的题昨天不是做过吗？怎么又错了？你太让妈妈失望了！”

安安突然放声大哭：“我就是学不好数学！我讨厌数学！呜……呜……”

·案例分析·

这位妈妈对女儿的确用心良苦，“95分”是妈妈心里的期望值，又何尝不是女儿内心的期盼呢？安安非常努力地进行了考前练习，希望这次能让父母高兴。当安安以2分之差又一次与目标分数失之交臂时，她的神情里写满了失望与沮丧，妈妈的一句“你太让我失望了”更是刺痛了女儿的心。

孩子失利时受到家长的批评埋怨，只会加重负面情绪，造成悲观心理。其实，数学考93分也不算差，少2分有什么了不得呢？妈妈根本没必要发火，而是应该先给女儿一点温柔的抚慰，再听孩子述说原因，然后一起寻找提高成绩的办法。用鼓励的话语和微笑，让孩子满怀信心继续努力才是最要紧的。

·应对方略·

一、用心陪伴，守护成长

每个儿童都是一朵美丽的鲜花，只是由于品种不同、环境不一，花期也各不相同。教育是“慢的艺术”，不能心急火燎，心急吃不了热豆腐。父母应当尊重儿童成长的规律，用爱心和耐心去陪伴和守护孩子慢慢成长，以平和的“花苞心态”去静候那特定花期的到来。

1. 理解

每个孩子的内心都渴望上进，但前进的路上必有坡、坎、坑洼。当孩子脚步踉跄时，最需要的是一双大手，搀扶他，等待他，帮他重树信心，再次向目标进发；最想要的家庭是一个温暖的港湾，让自己安全停靠、补给能量。家长要本着“先处理情绪，再解决问题”的原则，理解孩子的悲伤和担忧的情绪，克制自己的焦虑、不满情绪，不妨给孩子一个亲切的拥抱、一声温和的“没关系”。

父母的谅解能让孩子吸取到爱的力量，从不良的情绪中解脱出来。

2. 鼓励

鼓励能激起希望、催人奋进，孩子的成长离不开鼓励，遇到挫折时更需要鼓励。家长要看到孩子的努力过程，激发孩子不断攀登的积极性，即使尚未达到目标要求，也要肯定他付出了辛苦："你已经离目标不远了，这段时间的努力还是有效果的！我们一起来看看这次问题出在哪里，继续努力！"切忌因过分看重分数而打击了孩子，教育专家都不提倡给孩子制定分数指标。某次测验多一分少两分，对孩子的终身成就能有什么影响呢？

如果孩子进步明显，家长可当着他的面告知亲友，购买书刊、学具做奖品，或者以陪孩子逛公园、看电影等作为奖励，然后提出更高一些的努力目标。

3. 帮助

帮助孩子找到问题的症结，才能从根源上解决问题。如果孩子胆小，上课不举手、不发问，缺乏学习的主动性，父母可以有意识地与孩子多交流探讨，请老师在课堂上多提问他。如果孩子在题意的理解和举一反三方面有欠缺，就得在提高阅读能力和解题能力方面多下功夫，鼓励孩子坚持课外阅读，再进行一些读题的训练，逐步提高理解题意和变通迁移的能力。

从一入学就要培养孩子良好的学习习惯，诸如：自觉学习的习惯、全神贯注的习惯、独立思考的习惯、细心踏实的习惯、持之以恒的习惯。除此之外，还要教孩子掌握科学的学习方法。

二、保持“花苞心态”，静待花开

面对满池荷花，人们大多欣赏那些盛开的花，旁边含苞待放的花骨朵儿常被忽视。这些花苞过几天也能自然而然地开出鲜艳的花朵来，但如果嫌花苞开得太晚、太慢，硬是把它们掰开，它们就会受伤、枯萎。满怀期望地耐心等待一个个花苞绽放吧，教育需要这种“花苞心态”。建议父母们品味一下《请让我慢慢长大》中的诗句：“因为我是菊花，所以请别让我在夏天开花；因为我是白杨，所以请别指望从我身上摘下松子。”

家长要以客观而平和的心态来看待孩子暂时的缓步前进甚至原地踏步，不妨稍微降低目标要求，把大目标分解为一个个小目标，鼓励孩子依次实现和突破，“小步子前进”，一步高于一步，不断获得成就感；家长在旁不断加油、鼓劲，使孩子在学习和成长道路上始终满怀自信拾级而上。

正视差异，放慢脚步，尊重规律，有的放矢，用爱心和耐心去等待那朵花开得艳丽、芬芳。

关键词 接纳

亲子沟通从接纳开始

·案例·

周一早上起床时，天天问："妈妈，创意画的照片冲印了没有？"妈妈一愣，猛然想起，虽然儿子前两天提醒过，可她和丈夫都把这件事给忘了，只能说："啊！我忘了。"天天一听，立刻哇哇大哭，一边哭一边说："怎么办？今天要交的，哇哇……"

天天妈妈知道，此时如果说"这点小事，有啥好哭的！你去跟老师说一下明天再交不就得了"，那这个早上恐怕要在哭叫中度过了。否定孩子的情绪，会使情况更糟，因为以前发生过类似的事情。

这一次，天天妈妈改变了方式。她抚摸着天天的头说："对不起，妈妈忘记了。你很担心今天交不了照片会被老师批评，是不是？"天天马上点点头"嗯"了一下，哭声变小了。

他的担忧得到理解和接纳，情绪很快就平静下来。天天妈妈趁势沟通："问题已经发生了，我们赶紧擦干眼泪，别把时间浪费在懊恼上，一起想办法补救，好吗？"天天抹了抹眼泪，用力地点了点头。

接下来母子俩一起商量补救的办法：天天一早到学校向老师说明情况，妈妈尽快去冲印好照片后送到学校去。妈妈还承诺，以后天天交代的事会及时记在便利贴上，如果是重要的事，请天天多提醒几次。"好，说定了！"母子俩击掌约定，天天愉快地开始吃早餐了。

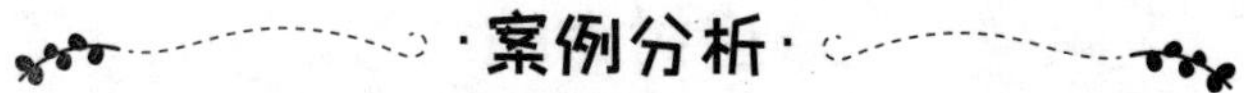

·案例分析·

天天妈妈接受以前的教训，在处理这次突发事件时很有策略：第一步，放下家长的架子，勇于承认自己的错误，在人格平等的状态下寻求孩子的谅解；第二步，及时接纳了孩子的情绪，通过语言、肢体动作等表达对孩子的理解和歉意；第三步，和孩子一起商量补救的方法，解除了孩子的忧虑。

反之，如果家长只顾维护自己的权威，不肯承认自己的过失，无视孩子的情绪，或呵斥孩子不许哭闹，不但不能有效地解决问题，还会逐步封闭与孩子沟通交流的渠道，将自己与孩子的距离越拉越远。

心理学把接纳视为沟通的前提。“接纳”就是在跟孩子沟通时，注意接受、容纳、解读孩子传达出的各种信息，然后利用这些信息做出妥当的回应。“接纳孩子的情绪”就是无论孩子是悲伤、孤独，还是兴奋、快乐，家长都对孩子的情绪给予关注、尊重和理解，而不是立刻反对他的情绪。接纳情绪不等于赞同孩子的情绪或看法，而是先接纳，再想办法改变，也就是先顺着对方的情绪和意思，然后把自己的意思说出来。接纳了孩子的情绪，孩子才会喜欢你、信任你，愿意听取你的建议或看法。

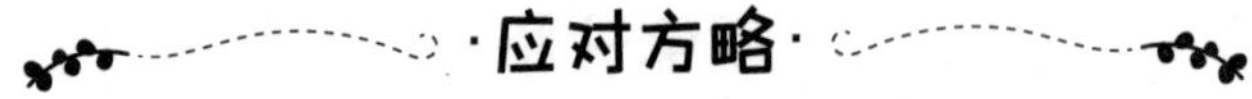

应对方略

一、认同的言语

可以用一些简短的言语表示对孩子的认同，如“嗯！”“我明白了！”“是这样吗？”“我理解你现在的感受”之类简短的话，换来孩子平静的心情和信任，然后再说出家长自己的看法或建议。如孩子在学校和同学发生了矛盾，回家后家长发现了异样，可以试探：“我感觉你不太开心，能跟我说说吗？”当孩子叙说原委后，家长站在他的立场上引导：“我明白你现在的心情。如果是我遇到这件事，我也会……”这远比袒护或责骂孩子的做法要靠谱得多。孩子也会知道，不论遇到什么事，爸爸妈妈都会理解他、支持他。

二、相同的感受

家长可以用和孩子相同的感受来回应。孩子担心考试发挥不好，晚上翻来覆去睡不着，家长千万不要泼冷水：“平时看你不用功，现在害怕了吧？”这样的嘲讽与刺激在此时只能起消极作用，使孩子泄气。可以用相同的感受和经历来引导孩子：“你翻来覆去是因为明天的考试而紧张吗？嗯，我知道了，跟爸爸小时候一样。后来我发现了不紧张的秘诀，考试前一天香香地睡上一觉，第二天早上记忆力特别好，然后再回顾一下知识点，提醒自己平时常错的地方；考试前静坐3分钟，把心情放松，考试时专注地发挥，就会考好。”说着递上一杯热乎乎的牛奶，让孩子喝了，漱口睡觉，以充沛的精力迎接明天的考试。

三、适时的幽默

孩子在家难免有发犟脾气的时候，有时不需严肃的教育，巧用幽默便能轻松化解。有次，一位妈妈下班回家，正好碰上儿子多多跟奶奶“干”上了。一看到儿媳妇，奶奶立刻进入告状模式，多多一副大难临头也要硬撑的神态。多多妈婉转地打断了“受害者”的控诉，笑眯眯地对儿子说：“哦哟，哪来的小刺猬啊？刺都竖起来了。”多多想笑却屏住了。“来吧，小刺猬，跟我说说刚刚有啥事？你是怎么做的？”妈妈拉着儿子的小手，听他陈述了事件的过程，轻声问：“你觉得你做得怎么样？”多多想了好一会，总算承认了自己的错误，向奶奶道了歉。“小刺猬”慢慢收起了全身的“刺儿”，那是因为他从妈妈的玩笑里感受到了妈妈的理解、宽容，而不是责备、生气。

孩子在成长过程中会碰到大大小小、各种各样的事件，有事件就会带出问题，有问题就会引出情绪。家长需要通过亲子沟通来和孩子一起面对问题、解决问题，这个时候请记住：先接纳情绪，再解决问题。

关键词 倾听诉说

做孩子忠实的听众

·案例·

早上，丁丁起床，不想去上学。

丁丁："妈妈，今天我不想去上学了，昨天好多小朋友都没去上学的。"

妈妈："多少小朋友没去上学啊？"

丁丁："有两个小朋友没去上学。"

妈妈："哦，就两个小朋友没有去。"

丁丁："妈妈，其实我肚子有点疼。"

妈妈："哦，是肚子有点疼啊。"

丁丁："我头也有点疼。"

妈妈："头疼还是肚子疼？"

丁丁："妈妈，其实我是不想去游泳。"

妈妈："原来你是不想去游泳啊，看来你对游泳有点儿担心。”

丁丁:“我也不是担心游泳，我是害怕跳水。我们老师说了今天家长要来观摩游泳课，每个小朋友都要跳水。”

妈妈:“你是害怕跳水，还是因为家长要来观摩而紧张?”

丁丁:“其实，我是怕所有小朋友都要跳水，如果我不跳，你会不高兴。”

妈妈:“你是担心妈妈不高兴，是吗?”

丁丁:“是啊!”

妈妈:“妈妈过去对你太严厉，所以让你担心了。其实不跳水也没有太大关系。有的小朋友学得快一点，有的小朋友学得慢一点，只要你比以前有进步，就可以了。”

丁丁:“我们班的小米和敏敏游得特别快，他们的妈妈肯定能一下就看到他们。”

妈妈:“每个妈妈都能很容易看到自己的孩子，就像你特别容易便能找到我一样。”

跟妈妈一番对话之后，丁丁高高兴兴地上学去了。

·案例分析·

看来跳水是丁丁的弱项，他怕自己不跳让妈妈失望，就制造了各种理由不想去上学。通常遇到这种情况，家长一般都是想方设法劝说或强迫孩子去上学。但这位母亲没有急着揭穿孩子的虚假理由，没有当即进行训斥，也没有把自己的想法强加给孩子，而是选择了“倾听”。在倾听中弄清孩子的真实想法，让他自己把各种借口一一推翻。最终孩子向妈妈说出自己内心真正的顾虑，同时也获得了理解。

多数家长以为沟通的元素主要是“说”，父母所呈现的态度是“我说，你听”。其实，“说”只是沟通中次要的一环，位居第一的沟通元素是“听”。倾听是沟通的前提，只有倾听孩子的诉说，知道孩子在想什么，才能有针对性地给予孩子关心和帮助，也会使之后的亲子沟通更为顺畅。当孩子讲述高兴的事，父母应分享孩子的喜悦；当孩子诉说难过的事，父母应让他尽情宣泄，并表示同情；当孩子诉说父母不感兴趣的话题，父母应表现足够的耐心，并使用“嗯！”“噢！”“是吗？”等语言，表示自己在认真地倾听和共鸣，鼓励孩子继续说下去。这样，孩子才会乐于向父母倾诉。

·应对方略·

一、为孩子提供表达自我感受的机会

孩子都渴望得到他人（特别是父母、老师等“生活中的重要人物”）的爱护与肯定，有强烈的向成人表达内心情感的渴求。此时孩子所需要的是有人倾听他们的诉说，理解他们内心的感受。

父母应为孩子提供表达感受的时间和空间，可采取的最好方式就是倾听，而且是“反应式的倾听”，即给予及时的肯定、安抚和理解。倾听可以起到心理暗示的作用，父母认真倾听孩子说话，是在表示对孩子的尊重、关心，同时也能促进孩子反思自己的行为。如果孩子感到自己能自由地对任何事情提出自己的意见，并且没有受到轻视，这将有助于他形成自尊自信、勇往直前的品格，使他以后在工作上、生活中都能够勇敢地正视和处理各种事情。

最好每天都让孩子有半小时的时间，和爸爸妈妈说说自己一天的经历，遇到什么开心事，认识了什么新朋友，碰到了什么让人沮丧的事……可以安排专门的时间，也可以利用散步或者游戏的时间。如果父母平时工作较忙，则应与孩子约定一个特定的时间，如某个晚上或周末。在这个时间段里，父母所做的唯一的事情就是倾听孩子的话语，与孩子做诚挚

的交流，让孩子感受到父母的尊重，这样才能达到最好的沟通效果。

二、用“爱的耳朵”倾听孩子的心声

父母要用爱的耳朵去倾听孩子的心声，才能完整地理解孩子的真实想法。从爱与尊重出发，给孩子更多的宽容。心平气和地听完孩子的诉说，弄清楚事情的原因，然后再对症下药，有的放矢地引导和教育孩子，并给孩子适当的赏识和信任。如果父母仅凭个人情绪妄下结论，倾听和沟通就失去了意义。

三、以非语言信息传递对孩子的爱

沟通以倾听为开始，倾听以尊重孩子为前提。父母倾听孩子说话要肯花时间、有耐性，做有修养的听众。倾听时，父母应停下手中的工作，做个全神贯注的倾听者。不可到处走动，边做事边听或背对着孩子，这些行为会令孩子认为父母不想听、没兴趣。

父母在适时做出言语反应的同时，还要善于用非言语信息，如肢体及表情，表示对孩子的关注：认真注视着孩子的眼睛，传递“我正在听”的信息；关注孩子的表情，表示“我理解你的心情”；必要时，通过抚摸、拥抱等身体接触，让孩子体会到父母对自己深切的爱，从而使孩子更主动、自信、流利地表达。

四、引导孩子理清诉说的思路

了解孩子话中隐含的意义，体会他内心的感受；帮助孩子理清思路，从更合理的角度来认识自己的感受；看清问题的真相，并找出解决问题的办法——这是像丁丁妈妈一样优秀的父母能做到的。

倾听是爱的细雨，滋润孩子的心田；倾听是呵护的沃土，孕育孩子健康光明的人格；倾听是无声的音乐，助力孩子在人生舞台上展现精彩的舞姿……孩子心目中高高大大的家长们，要俯下身子，凑上耳朵，用心去听孩子的心声，用心走进孩子的世界。

关键词 平等交流

打开孩子心灵之门的钥匙

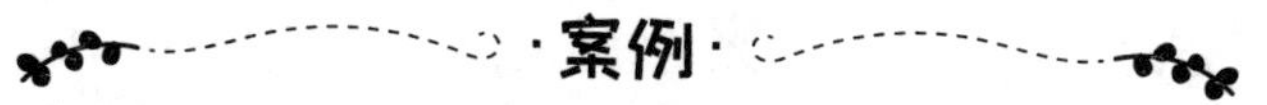

·案例·

爸爸接到禾禾班主任的电话，说孩子把同学小佳的书包藏了起来，还撕破了小佳的练习本。起因是中午两人打球时，小佳踩坏了禾禾的乒乓球。

爸爸回家把小家伙叫来审问："你今天做什么坏事了？快说！"

禾禾说："我，我没做什么。"

爸爸："小朋友们说你美术课时向老师请假去上厕所，随后去了教室。只有你一个人回过教室，小佳的本子破了，当然是你撕的啦！还不承认？"

禾禾："不是我干的！"

爸爸一拍桌子："教室里的摄像头都录下来了，你还赖！"

禾禾一跺脚："是的，就是我弄的！怎么啦！"

爸爸:“你要向老师认错，向小佳道歉。”

“我才不！”禾禾大发脾气，把书扔得满地都是，还狠狠推倒了椅子，“就不，就不！”

“你敢这样跟我说话！”爸爸腾地站起来，把儿子打了一顿。

孩子的哭声交织着爸爸的怒斥声回荡在家中。

·案例分析·

案例中的爸爸没有给孩子述说事情经过的机会，没有帮他分清正确和错误的行为方式，劈头盖脸就是审问和训斥，从一开始就污染了谈话的气氛。爸爸过度纠结于让孩子认错，觉得只要孩子服软就表示自己的教育取得了效果。其实孩子的负面情绪没有得到宣泄，反被强制压抑，终于爆发。即使孩子迫于威势低头服输，但对自身行为并没有充分的认识，也还会再犯。

家长在与孩子的交流过程中，习惯于把自己放在居高临下的位置上，认为自己总是有道理、讲道理的一方，往往不由分说地主观判断对错，一定要孩子按照“我”的意思来做，不合意则一顿打骂。这种不平等关系让孩子和家长处于紧张、僵持的氛围中，无法心平气和地进行沟通。孩子受到的一次次委屈累积成愤怒、不满，亲子一次次的冲突堆积成沟通障碍，彼此之间产生不满和不信任，可能导致家庭危机。

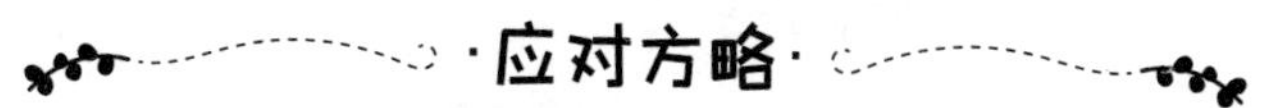

应对方略

一、平等地对待孩子

1. 尊重孩子的人格和法定权利

时代变了，少年儿童也变了，他们更早萌生自我意识，自尊心更强，小小年纪就要求大人平等对待自己。家长要随着时代潮流更新育子观念和方法，摒弃封建家长作风，从“君临天下”的“御座”上走下来，尊重孩子的人格和法定权利，量力满足其合理要求。要允许孩子发表自己的意见，甚至是和父母不同的、相反的意见，只要正确，就接受；鼓励他独立处理一些问题，并参与家庭事务决策。平等才有尊严，孩子从父母那里感受到平等、尊重，就会更懂得认可和尊重别人。

2. 和孩子站在一个高度看问题

成人和孩子对事物的理解不一样，看问题的角度、高度、深度有不同。家长放下架子、弯下身子，和孩子站在一个高度看问题，这是父母与孩子平等交流的前提。了解了子女的内心想法、生活态度、情绪体验，知道其长处、能力和弱点，当孩子遇到事情时，父母才能从孩子的高度和角度来思考，明白他为什么这样想、这样做，提出他能接受的意见和建议。只有当孩子觉得家长和自己想的一样，自己什么都可以跟家长说，才会什么都愿意跟家长说。

3. 与孩子交朋友

在充满浓郁民主氛围的家庭里，亲子如友，互动互助。家长要添置什么物品、到什么地方旅游，都征求孩子的意见；大家可以争论得面红耳赤，但不伤感情，最后服从真理。现在孩子在计算机、iPad、游戏机操作上往往超出大人，家长“不耻下问”虚心请教，会使孩子感到无比自豪，体会到自身的价值。这种民主、平等的家庭氛围有利于孩子的个性健康发展。

有些家长想和孩子交朋友，是为了更好地管孩子，让孩子更听话，所以对孩子并没有以诚相待、如友相处。孩子很快识破了这种虚假的平等，不屑于与家长为友，有话不肯跟家长说。还有些家长固守传统的专制作风，总是居高临下地俯视孩子，凭主观意志对孩子单向输出，而忽视孩子的感受。比如“我跟你说了多少遍了，你怎么还是这样？”或正话倒着说：“哟，今天太阳从西边出来了，怎么知道主动学习了？”这种讥讽一下子就打击了孩子的主动性、积极性。

二、民主协商

1. 不把自己的意志强加给孩子

与孩子密切相关的事，例如买衣服、学乐器，应该征询孩子的意见，获得孩子的同意。

许多家长包办代替、费心受累，又自艾自怨:“我这么替他操心，我容易吗?”可是孩子不但不领情，反而觉得被剥夺了选择权，加剧了逆反心理，尤其是即将进入青春期的小学高年级的孩子，更愿意固守自己的意志而拒绝家长的好心安排。双方人格、地位、语气、神态上的不平等常引发亲子冲突。

2. 在讨论中提要求

家长和孩子说话的方式应抛弃指令式，采用讨论式。对孩子有什么要求，最好不由家长直接提出，而是先与孩子商讨，共同制定规则，这样他才会自觉执行。讨论时，各抒己见，摆事实、讲道理，心平气和地对不同意见进行反驳，家长不要害怕孩子拒绝或反对自己的意见。如果一时不能达成共识，可各自保留己见，不强求一致。如果自己所提要求的确过高，孩子所言所为的确有理，家长不应固执己见，可以适当退让。两个平等的主权国家谈判，要达成协议有时还需要各退一步、彼此妥协，人格平等的父母和子女之间何尝不能如此?

3. 在交流中交心

父母常说："儿子，来，跟爸爸说说，你最近表现怎么样呀？""宝贝，过来跟妈妈汇报汇报。"自以为亲切关心，其实是一种高高在上的口气和做派。孩子立刻紧张："爸爸妈妈又要挑我的刺了。"于是乎，家长想听的没听到，孩子想说的没说出口。

父母跟孩子说话时，态度要真诚、平等。交流必须是双向的，父母也应向孩子敞开心扉说说心里话，向孩子展示真实的自己，适当讲讲自己的为难事，听听孩子的建议。此时孩子受尊重的感觉大增，会竭尽所能帮助爸爸妈妈，哪怕方式极其幼稚。

三、尊重孩子的体验和表达权利

家长总觉得孩子什么都不懂不会，包办代替是不想让孩子走弯路。可是孩子没有实践体验，怎会真正体会到应该怎样、不该怎样呢？怎能分辨对和错、好和坏呢？孩子小的时候，父母可以具体教他怎么做，然后就让他自己做，父母在旁随时提供指导和帮助。孩子稍大些，父母就只做原则性指示，让孩子自己想出办法，放手让他自己去实践，及时总结经验，孩子就能一步步学会做事了。

孩子和成人一样是有独立思考能力的个体，家长不能为捍卫自己的观点就否定孩子的观点。家长对孩子应多指点，少责备；多鼓励，少讥讽；多赞赏，少批评；多商量，少独断；多安慰，少打骂。父母是陪伴孩子的好友、引导孩子的智者，和孩子并肩而行，快乐谈笑间一起欣赏人生路上的风景。

关键词 理解

读懂孩子这本书

·案例·

国外一位节目主持人在与儿童对话的节目中设置了这样的情景：一架飞机满载乘客，飞行途中没油了，可飞机上只有一个降落伞。

主持人问一个参与做节目的孩子："你看这伞给谁用？"

孩子脱口而出："给我用！"

台下一片骚动，很多观众议论：多么自私的孩子！

主持人蹲下来问："为什么呢？"

孩子满脸泪水，坚决地说："我要跳下去，找到油后，回来救飞机上所有的人。"

·案例分析·

主持人只是多问了一个“为什么”，人们对那个孩子就有了截然相反的看法。现实生活中，当孩子的表现与家长的期待有所不同时，是急于下结论，还是多一些耐心，多给孩子一点时间，多问一个“为什么”呢？

儿童小小的脑袋里，深藏着一片神奇的天地。面对他们，大人们应该将姿态放得更低一些，真正走进孩子的内心世界，倾听幼小身躯里高尚灵魂的独白，和他们的思想一起漫游。而不是用成人的思维去评判孩子的幼稚，用成人的知识去嘲笑孩子的无知，用成人的标准去扭曲孩子的纯真。

在家庭教育的过程中，孩子在学习家长，家长也在学习孩子；家长在教育孩子，孩子也在教育家长；家长在培养孩子，孩子也在培养家长；家长在成就孩子，孩子也在成就家长；家长让孩子成为好孩子，孩子也让家长成为好家长。亲子之间在共同完成一门永无止境的功课：学会做人。育人的过程还将促使彼此间继续互相学习、互相教育、互相培养、互相成就。

·应对方略·

一、蹲下身子，从孩子的角度读这本“书”

在孩子牙牙学语的时候，大人不厌其烦；在孩子蹒跚学步的时候，家长甘当扶梯；但当孩子开始有自己的思想时，父母有没有耐心静下来读一读这本活的“书”呢？家长高大，孩子矮小，高的、矮的看到的世界不一样。试想母子俩逛商厦，妈妈兴致勃勃地观赏一件件漂亮的时装，孩子所见是一条条移动的人腿，两人的感受一样吗？妈妈蹲下来看看，才知道为什么孩子催着快点离开。

要学会用孩子的眼光看孩子，用孩子的思维想孩子，用孩子的心灵爱孩子。蹲下身子，从孩子的角度，阅读儿童这本“书”，才能进入孩子的内心，进行更有效的沟通和教育。

二、开放心灵，读懂孩子这本“书”

孩子会有许多童言和多种表情、情绪，其中隐藏的“摩斯密码”，家长们解读出来了吗？有的孩子说假话，可能是因为他不经意混淆了愿望与现实生活，也可能是因为他希望引起大家的注意，还可能是因为他害怕被批评、受惩罚。不管三七二十一责备他骗人，公正吗？有的孩子在大人讲话时插话，或许是对谈话内容感到好奇，迫不及待地想解决心中的疑问；或许是有自己的“高见”急于发表；或许是觉得被长时间忽视和冷落；也可能是遇到了困难急于求助。立刻呵斥他“不许插嘴！”妥当吗？

随着年龄增大，孩子越来越犟，不愿意一言一行都听命于家长，总想体现出思想上、行动上的独立性。家长不必烦恼、抱怨，须知逆反期是孩子走向独立的起点。此时，家长既不能粗暴干涉，又不能一味迁就，只有承认其合理性，同时巧妙引导，才能帮助孩子逐步走向成熟。父母要了解孩子的真实想法，不要轻易被一些表面现象或自己的主观判断所迷惑。多一些耐心倾听与交流，就能多一些融洽的亲子关系，少一些可能对孩子造成的伤害。

三、调整心态，读好孩子这本“书”

有的家长比较强势，习惯采取强硬的教育方式，或者对孩子管理得特别细、特别严。但对孩子管制太多，往往会打乱孩子正常的生长秩序，扼杀孩子的许多发展潜能。这样的家长要学会放手、放心。

有的家长比较严格，见不得孩子犯错误，孩子一有情况就严厉批评、惩罚；对孩子的一些难以理解的言行，不是尝试了解，而是立刻否定，导致孩子屡受委屈、备受挫折。这样的家长要学会宽容、理解。

孩子渴望尊重。家长要调整心态，承认孩子具有平等的人格，给予孩子理解和尊重、肯定和鼓励，如此才能读好孩子这本“书”。

要宽容对待孩子，给孩子选择权，大小事情，只给孩子点拨，不代替孩子做选择。即使出现分歧，也要充分尊重孩子的选择。以家长对孩子的尊重引导孩子学会尊重他人，更好地适应社会。

当然，孩子在成长过程中，难免会犯这样那样的错误。要允许孩子犯错误，更要正确面对孩子的错误，要帮助他看到自身的优势，树立自信。在问题中把握教育契机，帮助孩子在改正错误中成长。

关键词 引领

做孩子心中的那盏明灯

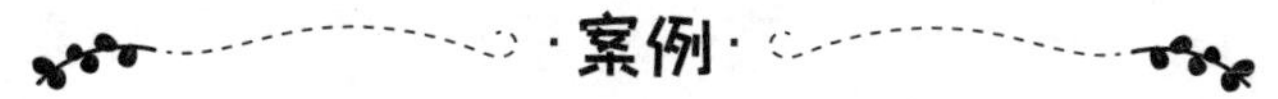

维维一直是大家公认的好孩子，他成绩优异，积极参加公益活动，热心助人，自小就爱看书，从不调皮。可这两天妈妈却发现维维心神不宁、情绪低落，询问原因他也总是躲躲闪闪不肯回答。妈妈悄悄打电话问维维的好朋友，吃惊地得知：维维的同桌少了一本《查理九世》，大家说是上体育课时维维独自提前回教室拿走的，但他不肯承认。想起维维书包里那本崭新的《查理九世》，妈妈什么都明白了。她强压着怒火，冷静思考起来：最近由于工作忙，她没能满足儿子买新书的要求，没想到孩子的愿望竟如此迫切。

妈妈买来最新版的《查理九世》，在扉页上写道："致爱看书的维维：对不起，妈妈没有体谅你想看这本书的迫切心情，我想你也一定能理解其他小朋友对这本书的需要。希望你能像你最喜欢的墨多多（出自《鬼公主的嫁衣》）一样勇敢而坚韧，‘战胜自己的心灵’，从‘问题多多’变成大家喜爱的‘小战士’！”

第二天放学回家，维维原原本本地将自己拿书、还书、道歉的经过告诉了妈妈，还说自己心里一直很后悔，但又不敢承认，是读了妈妈写的话才鼓足勇气承认并改正了错误。

·案例分析·

这位妈妈发现孩子出现异常时，采取“三步走”的方法，起到了很好的教育效果。一是“了解问题”，通过合适的渠道了解发生了什么；二是“冷静处理”，发现和了解问题后，进行理性思考，寻求问题的根源和解决办法；三是“恰当引导”，既顾及孩子的感受和面子，又指出问题所在，鼓励孩子勇敢面对错误，启发孩子做出正确的选择。

“每一种和儿童相处的细节，都是一场德行教育，也是一场心理健康辅导。”每个孩子的成长都有一些关键期，尤其是每一件孩子第一次做的事（对的或错的），更是将对孩子产生重要影响的关键事件。如果孩子的做法正确，大家都会微笑着进行鼓励；但当面对孩子的错误行为时，家长是否能够正确应对，恰当引领呢？犯错误是孩子成长的“必修课”，“犯错误—改正错误”的过程即成长过程。面对孩子的稚嫩，我们不缺乏爱心；面对孩子的好奇，我们不缺乏耐心；但面对孩子的错误，我们是否会有一颗“慧心”，能够在细节中把握教育机缘，在问题中发现教育契机？

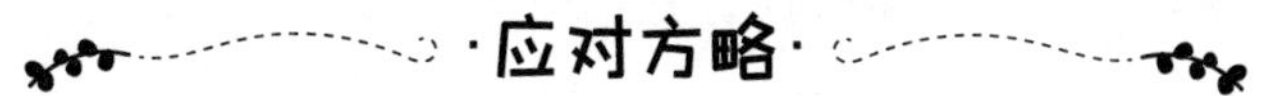

应对方略

孩子的成长是一个复杂的过程，家长应该具有耐心和智慧，以宽容的心态、悉心的引导、恰当的教育，引领孩子健康成长。

一、用心观察，及时发现问题

要善于在日常生活中观察孩子，从细节中发现问题，以循循善诱的方式引导孩子，并以恰当的方式帮助孩子解决问题。有的孩子因为交友不慎影响了学习和品行，仅靠家庭中的观察还不容易找到病根，需要从其同学、老师，甚至社区中获得更多的信息，掌握他在校外的表现，“对症下药”，才会“药到病除”。孩子的每一个举动都可能预示着他的点滴变化。孩子忽然有了额外的钱，有了家里没给他买过的物件，家长要立刻警惕、追问；孩子回家时喜笑颜开或愁容满面，必定是发生了什么事，父母要关注；孩子时常晚回家，一会儿说是被老师留下，一会儿说学校有活动，家长要向老师、同学核查；孩子关起房门“做作业”，家长要找个合适的理由和时机进去看看他到底在做什么；孩子一直长时间用电脑，家长要弄清他是查学习资料还是上网聊天，在网上交了什么朋友。

家长一定要用一颗细腻的心去观察孩子、关注孩子，在孩子第一次犯某种错误时，在第一时间发现苗头，把问题解决在萌芽状态之中。

二、动之以情，架起心灵之桥

儿童和成人一样，都愿意接受“自己喜欢的人”或“喜欢自己的人”的意见,不愿意接受“自己不喜欢的人”或“不喜欢自己的人”的意见，哪怕那意见100%正确。并非所有的家长都善于把自己的爱传递给孩子，因而孩子也未必能深切体会到家长的爱。家长要想引导孩子明是非、走正路，想让孩子听自己的话，必须获得孩子的敬爱和信任。然而，婴幼儿会无条件地喜爱经常照料他的人，但儿童少年对家长的喜爱就有条件、有选择了，经常照料他起居生活的人如果教育方法不当或自身性格有缺陷，就未必能获得他的敬爱和遵从。进入青春期，孩子处在“否定期”，难于接受与他们情感不相适应的各类信息。因此，家长对孩子的教育引领必须从感情入手。

“感人心者，莫先乎情。”只有先动之以情，晓之以理才会被接受。孩子犯了错误，提心吊胆地等待家长大发雷霆，内心已经筑起防御的“长城”。可是爸爸妈妈没有责骂，而是用理解的眼神、鼓励的肢体言语传递对他的同情和谅解，孩子揪紧的心就会立刻放松，急着向爸爸妈妈诉说衷肠。父母就可顺藤摸瓜地弄清事情的来龙去脉，轻声细语地因势利导。是父母无条件的爱和接纳打开孩子的心扉，引导他认识并改正错误。孩子改过后，父母报以惊喜的笑容、温暖的拥抱，让他更深切地体会到爸爸妈妈对自己无条件的爱，产生继续前进的动力。

“情感教育”不仅是教育手段，更是教育内容。培养孩子具有爱国家、爱人民、爱家庭、爱学习、爱劳动等正向情感，保持开朗、热情、向上、愉悦、宁静等积极心态，形成不怕困难、坚持不懈、自我调控的坚强意志——这些良好的“情意品质”，在引领孩子走向成功的过程中，将比智力发挥更重要的作用。

三、晓之以理，讲究引导技巧

这些年来，社会精神层面出现了断裂，道德感、公德心、社会责任感面临危机，价值观、人生观异化，对未成年人产生了巨大的负面影响，青少年的价值观呈现出复杂性、多元化、恶化的趋势。

12岁以前，儿童基本不能理解“人生”“价值”等概念的确切含义，对“幸福”“义务”“荣誉”“良心”等伦理概念也仅理解表面意义。但小学生对未来的前途与理想已有朦胧的设想，对人生目标、人生价值、金钱、幸福、责任等也有自己的看法。人生价值观教育应从小抓起，与日常行为规范教育相结合，借助生动有趣的故事、感染性强的榜样事迹、朗朗上口的诗歌和歌曲，结合行为习惯的养成、对偶发事件的处理，向孩子输入一些较浅近的人生价值观点，不求让孩子全懂，只要在一般现实情境中能加以践行即可。

对较大的孩子说理，家长最好运用些心理学的原理和规律，讲究点沟通引导的技巧，以提高教育效果。社会心理学指出：人们在社会交往中态度越接近，就越具备交往稳定性，对对方的人格特征也因为意气相投而容易接受和认同；相反，人们相互之间态度出现明显差异时，就容易发生情绪不协调。宣传心理学中的“自己人效应”是说：“讲”的人尽力显示自己与“听”的人之间的共同点或相似因素，可拉近双方心理距离，容易取得共识。据此，父母对小学高年级的孩子讲解某种道德观念、行为准则，分析某一社会现象、人物品行时，可以根据孩子的原有认识和态度，先说“我和你一样，也……”然后徐徐渗入与他不同的正确观念，使之不知不觉地接受，效果比强行灌输好。就连人称也有讲究，柔和地使用“我们如何如何”比生硬地要求“你要怎样怎样”显得更亲近，孩子听着更顺耳。

孩子的心是稚嫩的、脆弱的，经不住粗言暴打的摧残。家长有时想不到自己的一句话对童心的撞击力会有多大。智慧的父母归纳出对孩子说的最好的五句话：“你其实是想说什么？”“你自己来做决定吧。”“不同的人有不同的需要。”“妈妈爱你，但妈妈不喜欢你这样做。”“你来试试帮我解决这个问题。”而最不好的五句话是：“你怎么越大越……”“你怎么连这个都不会？真笨！”“我刚才是怎么跟你说的？”“你怎么就不能像人家那样呢？”“我怎么生了你这么个孩子！”家长们不妨参考取舍。

苏霍姆林斯基说：“教育，不是毫无热情地把知识从一个头脑里装到另一个头脑里，而是每时每刻都在进行心灵的接触。”家长是孩子心中的明灯，指引着他们前进的方向，让他们在人生旅程中不致迷失。然而，家长不能代替孩子成长，路要孩子自己走，家长只是引导者。好比划龙舟，父母一个掌舵，一个喊号子，孩子用力把船划向前方。家长有效引领，亲子互动互助，成就彼此精彩人生！

关键词 放手

你的美好始于我的放手

·案例·

暑假的一天，妈妈下班后迫不及待赶回家。今天是睿睿第一次独自在家，妈妈忐忑不安：是不是看了一整天电视？作业完成了吗？饭吃了吗？

一进家门，睿睿端上一杯清凉的柠檬茶，一扫妈妈全身的暑气，原来这是睿睿“研制”的爱心凉茶。随后呈上的是他独立完成的暑假作业。晚饭时，睿睿自豪地介绍了自己的一天：观看一小时动画片，阅读一小时课外书，还创作了手工作品，制作了爱心凉茶。说罢，他恳请爸爸妈妈晚饭后带他外出散步、骑车。爸爸妈妈听后不约而同地竖起了大拇指。妈妈接着问：“这一星期你都打算这么安排吗？”睿睿点点头：“瞧，我安排得怎么样？我可没有看一整天电视哦！妈妈你要相信我！”爸爸说：“你把今天的安排记录下来，接下来的四天还可以提前安排一些其他活动。有了计划，每天就会过得很充实。”

晚饭后出去散步前，睿睿认真制订了一周安排表。看着儿子的认真劲儿，爸爸妈妈欣慰地相视而笑。

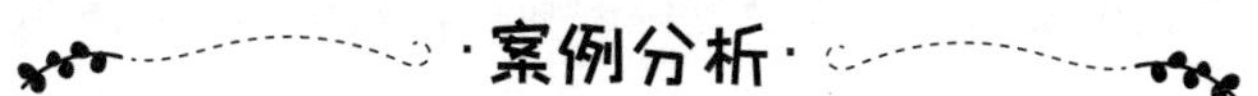

·案例分析·

“妈妈你要相信我！”一句童言，道出睿睿内心得到家长信任的无限渴望。一份自觉完成的作业，展示了睿睿自我管理的能力。一杯爱心凉茶，盛满睿睿对家长“主动放手”的情感回馈。“信任”是亲子情感得以升华的秘方良药。信任其实是一种良性的依赖关系，亲子之间建立起相互的信任，能培养孩子良好的行为习惯，形成内心的正直情感，亦可营造和谐的家庭氛围。

苏霍姆林斯基说：“对人的热情，对人的信任，形象点说，是爱抚、温存的翅膀赖以飞翔的空气。”父母要创造一切机会，给予孩子一定的自由空间，让孩子逐步养成自我管理、自我约束的行为习惯，增强其自信心。

·应对方略·

一、家长放心放手，让孩子自己走路

观念决定行动，家长具有正确的育子理念才能引导孩子往正确方向发展。

婴儿确实需要大人全方位的呵护，到幼儿期，家长就要开始培养其独立做事的能力，幼儿园已要求孩子“自己的事自己做”。上小学后，儿童最强烈的依赖期已经过去，孩子的自主意识和自主能力明显发展；到了小学中高年级，孩子自认为“长大了”，希望自己的事自己做主，渴望家长给予信任、能够放手。同时，这个时期儿童的大肌肉群已发展较好，虽然小肌肉群较弱，从事精准动作还不能游刃有余，但是进行日常生活和学习活动已没问题；也有了一定的安全意识和自我保护能力。可是家长心中对孩子的“呵护期”却似乎永远不会结束，父母还是有一种放不开手的感觉，祖辈仍然把孙辈当成什么都不懂、什么也不会的“奶娃娃”，紧紧拉着孩子的手不肯放，全天候全方位地包办代替，乐此不疲。在家长老母鸡式的庇护下，孩子老是“长不大”。

要让孩子长成一棵挺立于天地间的大树，家长要转变观念，该放手时就放手。园丁要做的不是把小树苗遮得严严实实不见阳光，而是让它在大自然中自由生长，伸展枝叶，园

丁只需在旁做些护理工作。当然，如果树苗很细弱或长歪了，应给予支撑、纠正。

二、创造自主安排的机会，提升孩子的自我约束力

如何让孩子养成独立做事的能力和习惯呢？就是让他们不断地去尝试，去感受成功的快乐。

对孩子的放手应循序渐进。初入小学的孩子还不能完全适应学校生活，自理能力也差，家长不能撒手不管，最好能和孩子同步，一起学习、看书、玩耍、做手工，然后慢慢淡出。对小学中年级的孩子，家长就要告诉他：“你长大了。我们知道，你要求享有自主权，希望爸爸妈妈少干预你的行动。我们很高兴你有了一定的自理自主能力。那么，你觉得哪些事情可以自己做？哪些事情想自己做，但又怕做不好，需要我们助一臂之力？”孩子一定会高高兴兴地和父母一起商量，列出“自助项目”和“半自助项目”，制订一日（或假期）作息安排，以及自我监督和父母检查的措施。

“放手”并非什么都叫孩子“自己去做”就不管了，家长要教会孩子做事的方法，有些事甚至要手把手地教。孩子畏首畏尾时要鼓励，表明允许失败，对孩子第一次“做砸了”的事，不要过分介意，要指导他重做获得成功，保护他做事的积极性，避免孩子怕挨骂而隐瞒或撒谎。

合理安排学习与游戏的时间，是小学时期帮助孩子形成自主自理习惯的主要目标。孩子的学习是父母最关心，也是最头疼的事情。一些家长认为，现在的孩子，似乎对学习少了热爱与关注，更乐于将时间用来嬉戏、看电视、玩电脑游戏。其实，让孩子知道自己在一个规定时间内必须完成哪些任务，让他感受到家长充分的信任，孩子的自我约束能力会日渐提高。给孩子一个机会，孩子会还给你一个惊喜。

三、给予恰当赞赏，杜绝呵斥、唠叨

检查和放手并不矛盾。先静静倾听孩子执行计划中的点点滴滴，当孩子按照自己制订的计划，完成规定时间内的规定任务时，家长要肯定、赞扬，让他在心底感觉到家长很欣赏、支持自己。然后指出过程中的不妥之处，对出现问题的环节加以指导。经常而恰当的表扬，使闪光点不断出现，会照亮孩子“做出色的自己”的路程。

不要把唠叨、催促、呵斥、责罚当作监督的手段。在家长的絮絮叨叨、指责数落中，孩子绝不可能有积极、愉快、上进的情绪；不停地催促、训斥只会使孩子狂躁，使家庭气氛紧张。很多孩子看穿了家长的种种威逼利诱，不断磨炼反抗家长的本事，从针锋相对的据理力争，到冷冷相对的不屑一顾，让家长感受到挫败和无能为力。因此，对孩子放手，首先要放平自己的心态，克制自己的不良情绪；其次要杜绝无效的、反效的教育方式，营造和谐民主的亲子关系，用信任和尊重唤起孩子走好自己人生之路的自觉性。

关键词 过错应对

一支笔引出的教育智慧

·案例·

平平参加同学生日聚会后回家，告诉妈妈："我的好朋友今天也送给我一份礼物，是一支自动笔，蛮贵的，可是被我忘在过生日的蛋糕店里了。怎么办？"儿子无故收了别人的东西，还粗心大意遗失了，妈妈真想批评他一通，但很快克制了怒气，反问他想怎么办。平平要妈妈陪他去蛋糕店找，妈妈答应了。到了店门口，儿子躲在后面，要妈妈进去问，她拒绝了，叫平平自己去问。他鼓起勇气走进店里去问、找，可没找到。

回家后，妈妈问"今天又不是你的生日，你为什么要接受同学的礼物呢？"平平说因为自己很喜欢那支笔。"可是，不能因为喜欢就要人家的东西呀！"妈妈又假装无奈，"现在怎么办才好呢？"

“能不能买一支一样的，还给他呢？”平平试探道。“这办法不错，但这钱谁出呢？”平平说用他的压岁钱买，又犹豫：“我把笔还给同学，他会不会不和我做朋友了呢？”妈妈奇怪地问：“为什么？”平平担心：“同学会不会认为我看不起他呢？”

妈妈暗暗感叹：孩子的心思大人永远都猜不透哇！她建议：“你可以跟他说：这支笔你先替我保管着，等我过生日时，再送给我。”

平平点点头，说：“我试试看吧。”

母子俩一起去买了一支同样的笔。

第二天放学回家，平平高兴地告诉妈妈：“我把笔还给了同学，他也没有生气。”

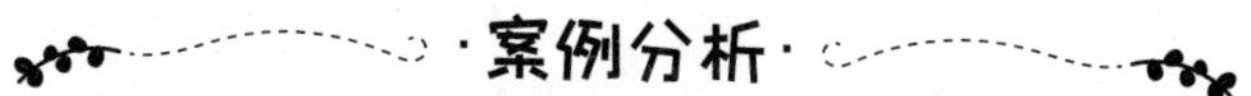

·案例分析·

这位妈妈颇具教育智慧，使用三招制胜：一“引”。得知孩子未经同意“接受自动笔”又“弄丢自动笔”，妈妈虽然很生气，但能及时克制情绪，没有批评责怪，而是引导孩子说出事情的经过和原因。二“抛”。在解决“寻找自动笔”和“归还自动笔”的问题时，妈妈不是把自己的想法强加于孩子，而是把问题抛给孩子，让他自己想办法解决。三“导”。孩子对“还笔后果”的疑虑，表明他既有人际交往的需求，又顾及交往的礼仪。妈妈理解儿子的困惑，提出一个既能避免让同学尴尬又能表达情意的建议。家长的适时引导，教会了孩子勇敢面对、积极改正自己的过失。

孩子在成长过程中有缺点、错误是不可避免的，家长进行教育引导也是不可缺少的。孩子犯错误并改正的过程，就是他们的成长过程、社会化过程。家长要有一双慧眼，善于发现孩子的问题，及时捕捉教育契机；家长要有一颗慧心，善于根据孩子的年龄特征和个性特点，选择恰当、有效的教育方式，巧妙地引导孩子勇敢面对错误，勇于承担责任。

孩子有了过错，家长的第一反应不能是埋怨责备、恶骂暴打，而是要全面了解情况，帮助孩子提高认识，及时妥善地处理问题。

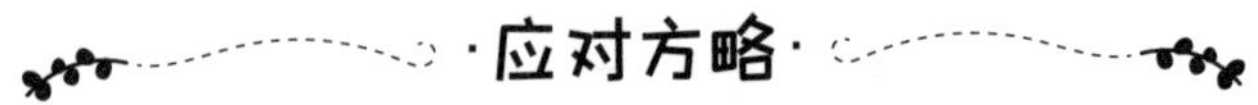

·应对方略·

一、厘清事实，分清责任

首先要全面了解情况，并给孩子陈述、申辩的机会，让他说出原因。家长要耐心倾听、细心分辨，弄清事情的来龙去脉，让孩子知道自己到底做错了什么、错在哪里、负多少责任，避免误判。

二、分析讨论，提出建议

孩子犯了错，家长首先要消除他的惶恐、沮丧情绪，一起寻找原因和改进方法。先让孩子独立思考、自我反省、认识错误；如果认识不到位，家长再进行引导、帮助分析，实事求是地评价、定性。然后让孩子寻求解决方案，如果确实想不出好办法，家长适时指点、提供建议，共同商量妥善的解决办法，以此培养孩子承担责任和处理问题的能力。

三、区分对待，不算旧账

根据孩子的特点和错误的性质、程度，采取不同的态度。对待一般问题要语气平和，讲清利害得失，教给正确的行为方式；对待严重错误要严词训斥，当场喝止。对满不在乎的孩子，态度语气要严肃；面对不易接受批评或比较敏感脆弱的孩子，可以半认真半玩笑、半严肃半幽默地举例子、留面子。就事论事，不要新账老账一起算，凡是已经处理过的问题，不要反复提及。

对孩子过错的处理要区分轻重，无意的轻微闪失，指出即可；造成不良后果的错误行为，据其轻重适当惩罚，但勿冲动过火，切忌粗暴体罚、言行威逼或物质收买。

四、积极批评，鼓励改正

有错误当然要批评，但不是辱骂，而是“积极地批评”：以友好、关切的态度给予提醒、劝告、建议，指出问题、寻找原因；在保护孩子自尊的基础上，用心平气和的态度，以孩子能接受的言语，指出其缺点，让他明白：你这件事做错了，但我们仍然爱你，相信你一定会进步，只要改正，仍然是好孩子；遭受挫折没有关系，再接再厉必定成功。在认识错误的基础上，提出经过努力可以做到的要求，做得好，及时肯定鼓励；没做到，重申要求，继续坚持让孩子做。

激励为主、批评为辅；鼓励自觉执行为主，辅以一定的强制性措施，例如必要的规定、监督、检查、奖惩，但重在让孩子自我教育，而非高压强制。

五、宽容冷静，耐心等待

成长进步是一个漫长的渐进过程，不像玩魔术说变就变；改正不良习惯和缺点错误不可能一蹴而就，需要家长和老师耐心的帮助和等待。要求勿太高，时限别太紧，给孩子认识并改正错误的机会和时间。在发生亲子冲突时，家长作为教育者，更要宽容冷静，不可斗气、冲动。无数事例表明：增强教育效果的主要办法是耐心，讲究方式（口气、神态、时机、场合）和分寸。

关键词 自理能力

自立，从自理开始

周末，欣瑶照例由妈妈陪着上舞蹈课。跳着跳着，鞋带松开了，欣瑶跑去请舞蹈老师帮她系鞋带，老师略带责怪地说："已经是一年级的小朋友了，连系鞋带这种小事都不会。"听了这话，欣瑶委屈地哭了。妈妈心里五味杂陈，心疼孩子被批评。可想想，老师批评得对啊！女儿平时在家就是小公主，所有事情都由外婆包办。跳舞鞋的鞋带要绕圈搭扣，一直是外婆帮着穿的。

回家路上，妈妈开导欣瑶："老师说得对。没有谁天生就有哪种能力，都是学会的。系鞋带这件事你有没有去尝试和练习呢？妈妈觉得这肯定难不倒瑶瑶，回家我们多练习，一定能学会！"

欣瑶把这件事放在心上，每天练习，很快就学会了，越来越熟练。经过这件事，妈妈也意识到女儿有一定的自理能力，但缺乏自理意识，便特别注意这方面的教育。本来每天晚饭后，欣瑶都把碗筷随意放在桌上，等外婆收拾。经妈妈提醒，她不仅主动收拾，还要求洗碗。外婆不同意，担心外孙女打碎碗碟、弄湿衣服。然而，在妈妈的细心指导下，欣瑶把碗洗得干干净净，没有出乱子。从此以后，欣瑶总是抢着做一些力所能及的事，俨然成了家里能干的小主人！

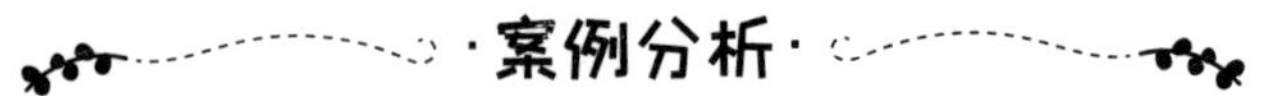

·案例分析·

欣瑶妈妈从女儿不会系鞋带一事发现她自理意识和自理能力的不足。面对伤心委屈的女儿，她巧妙开导，将女儿的注意力从“被舞蹈老师批评”而难过，转移到“我能学会自己系鞋带”上，成功地植入了“我能自理”的观念。从“学会系鞋带”开始，妈妈又细致地搜索生活中可以培养女儿自理能力的“小事”，通过鼓励、指导、肯定，帮助女儿从娇滴滴的“小公主”华丽蜕变成自理能干的“小主人”。

然而，这位妈妈以前疏忽了对女儿自理能力的观察和培养，任由外婆包办欣瑶的一切生活事项，等孩子六七岁了才发现她不会系鞋带。虽然幼儿园就要求小朋友“自己的事自己做”，家长早就应该训练孩子的基本生活技能，但“亡羊补牢”还来得及。其实，孩子从两三岁起，就有“让我来”“我自己做”的意愿。如果家长总以“你还小呢，不会做”加以拒绝，孩子的自理意识就会越来越淡薄，自理能力的提高速度将与年龄增长速度不成比例。孩子没有自理能力，不但影响学习，还关系到社会生存。

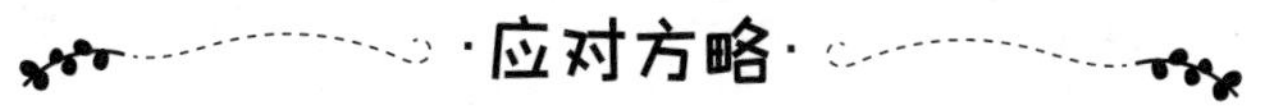

一、保护兴趣，克服依赖

孩子对什么都感兴趣，任何事都想试一试。有的家长因为舍不得，便告诉孩子“你不会，还是我来吧”，有的家长看到孩子时常“出乱子”，给自己“添手脚”，就急于制止孩子劳动，自己一手全包。久之，孩子对劳动的兴趣就在家长的包办代替中消失了，同时形成的是“凡事靠家长、自己不动手”的依赖心理。培养自理能力，家长要下决心、下“狠心”，把孩子从自己“温暖的翅膀”下解放出来，多给予他锻炼的机会。凡是孩子力所能及的事都让他自己做，并加入游戏、竞赛等元素，使之饶有趣味。交代任务勿用命令、强迫、惩罚的口吻，而应使用能引起孩子做这件事的兴趣和意愿的言语。

二、适度要求，及时肯定

各年龄段孩子的体力、智力是有区别的，对孩子的要求要适度。低年级小学生可以扫地、洗刷餐具、洗小件衣物、整理床铺、擦低矮的家具等。中年级的小学生能拖地，安全使用炉灶，会烧水、烧饭，洗菜，整理室内小物件等。高年级的小学生可以烧煮简单的家常菜，洗自己的衣物，会使用洗衣机；家长不在时，能自己搞好个人卫生，准时起居，按时上学，安排好一天的生活。

每个孩子的能力优势也不同，家长要善于发现孩子的长处，加以肯定和鼓励，使这些长处得到发展、强化。孩子做了事，家长要表示看见了：做得好，立即赞扬；做得不够，不批评，教他怎样做得更好。

三、从小事做起，适当帮助

家长教孩子学会自理，要从日常的自我服务开始，比如为自己刷鞋子、叠被子、洗红领巾等，再逐步教孩子做一些简单的家务劳动。教孩子做这些“小事”时，家长不要只讲道理，更不要训斥，而要“手把手”地教，例如：袜子先洗里面还是外面，晾晒衣服哪面朝阳，怎样叠衣服，怎样钉扣子等。同时尽量创设必要的、合理的条件。孩子有自己的小床、小被子，有自己的房间就再好不过了；衣服要放在低矮的衣橱里，便于孩子取放；洗脸盆要小而轻便，洗脸巾要大小合适且柔软轻薄等。

培养自理能力“三步法”：第一步，家长做示范，边做边讲解。讲解得越细致，孩子自己做的时候就越顺手。第二步，家长和孩子一起做，边做边指导。第三步，孩子独立学着做，可以反复做，边做边总结，边做边改正。这个过程少不了家长的耐心和陪伴，鼓励和肯定越多，孩子成功得越快。

四、舍得放手，让孩子独立行动

“眼过百遍，不如手做一遍”，实践和体验对能力形成作用重大。凡是孩子自己能做的事情，都应该让孩子去做，这是训练其自立能力的重要手段。小学生已有一定的自主性，能处理一些简单的问题，父母要适当地让孩子独立行动，当孩子提出安全的独立行动的要求时，更应满足。在保证安全的前提下，可让小学高年级的孩子独自坐公交车上下学，独自上超市买东西，独自参加各种比赛，甚至独自到离家较远的亲戚家做客。当然，让孩子独立行动，父母要事先教给孩子必要的安全知识、交通常识、购物流程和交际规则。

自理能力的形成，主要依靠平时的模仿和长期的锻炼，家长“放手、放心、放时间”，才能帮助孩子逐步实现自理，形成独立自主的健康人格。

关键词 以身作则

其身正，不令而行

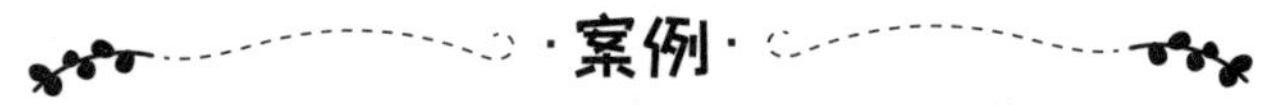

·案例·

成成上三年级后，作业量开始增多，过多地看电视对他的学习和视力产生了影响，爸爸妈妈就压缩他看电视的时间，规定只能在双休日完成作业后看电视。成成几次向父母提出抗议："你们大人为什么想看电视、想玩手机，就可以看、可以玩，而我为什么不可以呢？"他的质疑引起了父母的深思：虽然孩子平时不大言语，但把父母的言行尽收眼底，连父母都做不到的要求，怎么能令孩子做到呢！于是，父母与他约法三章，先从自身做起，戒掉电视瘾、手机瘾，做孩子的榜样，并接受孩子的监督。

在接下来的日子里，成成的爸爸妈妈尽量不在孩子面前玩手机，少看电视，唯一保留的是看新闻节目，并把时间调整到吃晚饭或者晚上九点成成睡觉以后。这样一来，成成的

电视瘾也减弱了很多，作息时间安排也更有规律了。

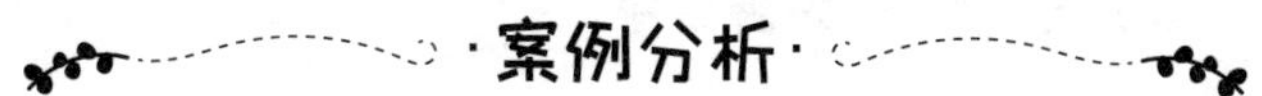

·案例分析·

父母是孩子最早的、最自然的模仿对象，“其身正，不令而行；其身不正，虽令不从”。面对成成的抗议与质疑，爸爸妈妈能克制情绪，先从自身寻找问题；在思考问题产生的原因和解决的办法时，父母能以平等的态度对待孩子，进行示范，这是家长高素质的表现。这样的好家长，因为悟出了身教重于言教的道理，以身作则，使孩子在心理上对其敬佩、听从，在行为上暗暗学习、仿效。这一做法值得每位家长深思与学习。

教育家马卡连柯曾告诫家长：“不要以为只有你同儿童谈话、教训他、命令他的时候，才是教育。要知道，你们在生活的每时每刻，甚至你们不在场的时候，也在教育着儿童，如你们的穿戴、同别人谈话、评论别人，你们的工作、学习以及你们对待苦与乐的态度，等等——这一切对儿童都有着重要的意义。”可见家长素质是关系家教水平与质量的决定性因素。父母若想成功地教育自己的子女，必须以身示范，做孩子的榜样。

·应对方略·

一、严于律己，完善自身

父母作为孩子的第一任老师，起着两方面的教导作用：第一，以“身教”来为孩子做出直观的、经常的榜样；第二，以“言传”直接指导孩子的行为，告诉孩子该做什么，不该做什么，指引孩子走上人生正路。

父母要想树立威信，有效地教育孩子，不能强令孩子尊重、服从，而要靠自己的高素质让他敬佩，成为孩子的良师。如今干什么都要考证，连家政服务员都要凭证上岗，唯独当家长不要考证，生了孩子就“上岗”，而且永远不“下岗”。可是，做一名善于教育子女的合格家长，比做一名合格驾驶员的要求要高得多，也困难得多，有多少人认真考虑过自己是不是合格家长呢！

当父母不一定要有高学历、高职位，但必须德高身正，具有良好的道德品质和心理素质。包括祖辈在内的所有家长，都必须自觉完善自身，提高全面素质。教育家陈鹤琴说：“做父母的不得不事事谨慎，务使己身堪有作则之价值。”父母要求孩子做到什么，自己首先要做到。要求孩子做的（比如努力学习、讲究卫生），自己要做出示范；不让孩子沾染的恶习（比如赌博），自己先要戒除。言而有信的父母才能培养出讲诚信的孩子，言行粗俗的父母很难培养出文明有礼的孩子。要求孩子力求上进，自己却得过且过，孩子怎么会愿意听话呢？

家长的素质决定家庭的素质，关系家庭教育的成败，只有好父母才能培养出好孩子。家庭教育成功的关键，是家长的自我提升。做父母就要有父母的样子，遵守家长行为规范，无论做人、做事，还是学习、生活，都应该先用同样的标准要求自己，再去要求孩子。

二、身教重于言传

言教永远赶不上身教的震撼力。父母身体力行，做一个品格高尚的人，再也没有比这更好的教育方法了。很多时候，孩子更愿意看看父母是怎么做的，而不是听父母怎样说。因此父母最好少“说”多“做”,父母“做了什么”比“说了什么”更重要。孩子桌子或房间凌乱，总是找不到东西，家长就在收拾房间、整理抽屉、收纳物件方面给孩子做出示范，并教给他方法；希望孩子爱读书，就让他天天看到父母读书看报或网上阅读，这比天天教训他“好好学习多读书”有效得多。父母最好能和孩子一起阅读，分享故事，议论互动。亲子具有同样的阅读兴趣，就会有共同的话题和活动，可以一起交流读书心得。

在孩子面前，家长要做遵守社会公德的模范：庄重谨慎，举止言谈不放肆，不喝醉闹事，不拉帮结派，不给别人添麻烦或造成不良影响；为人正直、讲究诚信、主持公道、处事公平、兑现承诺；关心他人、救助弱小、服务社区、回报社会；自我约束，不管有没有人看见，不论是否有利可图，只做应做的事，不该做的事绝不做。家长带头做到这些，比说一千遍、一万遍的大道理有用得多。

为了使自己的言行成为孩子成长的航标，有一对夫妻达成共识，一定要注意细节，净化自己身上的负面教育因素，让孩子抬头有明镜，言行有榜样。他们约定：①相互体谅、相互谦让，在儿子面前不表现分歧、不争执，任何时候都不对他说假话；②与孩子保持平等关系，他的朋友来坐客，要表示欢迎，热情招待；在他的朋友们面前不责备孩子，不说孩子的不好；对孩子提出的问题，尽量回答；③不过分强调孩子的缺点，多夸奖他的优点；④不说别人的坏话，不泄露别人的隐私；⑤不说孩子不能理解的事、对他会产生负面影响的事。

三、鼓励孩子和榜样共同进步

榜样的力量是无穷的。但是，人无完人，父母自身各有局限。在这种情况下，父母应该抱有一种“三人行，必有我师”

的积极态度，谦虚而诚恳地告知孩子自身的某些不足，鼓励孩子学习他人身上的优点，克服缺点。父母既要鼓励孩子进步，也要提醒孩子，千万不要被别人身上的缺点或坏毛病影响，好习惯没有养成，又习得了坏毛病，这就背离了向他人学习的初衷。

“孟母三迁”，为的是给孩子一个良好的环境，榜样也是孩子身边环境的一部分。父母是孩子最天然、最近的榜样，因此，父母首先就要“正己”，想方设法从各个方面为孩子做出表率来。

— 家校共育篇 —

关键词 家校共育

两股力量拧成一股劲

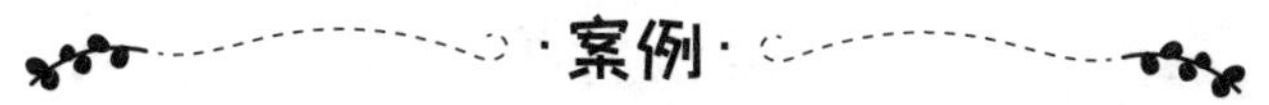

·案例·

三年级学生肖冰峰在父母出国工作后，就寄住在外公外婆家。二老发现冰峰的自理能力特别差，洗脸洗脚、穿衣穿裤还要大人帮忙，吃饭还要大人哄着、喂着。外公外婆教他自理，冰峰就是不理睬，这让二老伤透了脑筋。

班主任张老师在学校也发现了这个问题。家校充分沟通后，二老欣然接受了老师的建议，对冰峰采取“四步教育法”，并与孩子约法三章，做到一条就奖励一张书签，得到12张书签就可获得一本童话书。这“四步教育法”是：

第一步：在学校自己整理文具盒、书包，清理课桌抽屉；在家里自己洗脸、洗脚，自己吃饭。

第二步：在学校每天擦四次黑板，注意关无人灯；在家自己穿衣裤、叠被子。

第三步：在校主动抹桌椅，搞好自己座位周围的卫生工作；在家里洗红领巾、手帕，帮助外公外婆收拾碗筷、倒垃圾。

第四步：在校每天帮老师整理讲台，每周打扫一次教室；在家整理自己的房间、打扫卫生。

经过家校共同进行的四步强化训练和情感激励教育，肖冰峰的自理能力大大提高，像是变了一个人。

·案例分析·

这是一个家校共育的成功案例。像肖冰峰这样，上三年级了还严重缺乏自理能力的，原因当然是父母溺爱、娇惯。案例中的外公外婆和老师及时联系，共同商定教育方法，统一教育步骤，并取得了明显成效。

孩子由于年龄、心理的原因，在思想、学习以及生活的各个方面难免存在这样那样的问题。家长和老师是最了解孩子的“两股教育力量”，只要及时沟通合作，将两股力量拧成一股劲，采取有针对性的教育措施，孩子的问题就不难解决。

·应对方略·

一、认识家校共育的重要性

（1）可以互通孩子成长的情况，全面把握孩子学业、品行发展的状况，发现问题及时干预和纠正。

（2）可以使学校教育和家庭教育更协调一致。学校的要求能得到家庭的配合与支持，有利于促进孩子全面发展。

（3）可以减少社会不良环境对孩子的影响。学校教育与家庭教育对接，家校共同为孩子创造良好的成长环境，孩子的成长更有保证。

二、家校沟通合作的渠道

1. 通过孩子了解学校的教育情况

饭后睡前，家长通过与孩子聊天谈心，了解学校、班级的教育要求，看看家庭教育是否与学校教育要求合拍，如有出入，可及时调整。在谈心中，家长可以了解孩子对老师、班级、班队活动、学校教育活动的看法。如果孩子的看法有道理，应支持并鼓励孩子积极参与学校班级的各项活动；如果孩子的想法有偏差，可帮助他纠正错误看法。

2. 认真参加家长会和家长接待日活动

家长会与家长接待日是学校或班级向家长汇报学校情

况、学生情况，征求家长意见的重要形式。家长没有特殊原因，不要缺席。如果因病因事未能参加，事后要主动与班主任和任课老师个别交换教育孩子的意见，以便协调家校教育，同步教育好孩子。

3. 与老师保持经常性的通信联系

家长和班主任以及任课老师应经常联系。通信联系一般包括书信联系、电话联系、网络联系等形式。家长要与老师及时沟通，保证家校联系顺畅无阻。

4. 热情接待老师家访

老师来家访问，家长应该和孩子一起有礼貌地接待。家长应该如实向老师介绍孩子在家表现和家庭教育情况，仔细听取老师对孩子在校表现的介绍，与老师共同研究教育孩子的有效措施。如有不同看法、不同意见，应求大同存小异，可以对老师、学校提出合理化建议，但在学校修改规章制度前，仍要教育孩子遵守校规班纪。在接待老师家访的过程中，应避免发生争论，更不能翻脸争吵。这样不仅让老师难堪，影响老师与家长的关系，而且会使自己的孩子受到不良影响。

5. 去学校访问

遇到一些特殊情况，家长认为有必要也可以去学校访问班主任、任课老师、教导主任或校长，介绍情况，反映问题，提出建议。但要注意心平气和，尊重对方，善于沟通；不要意气用事，不要夸大其词，更不能影响学校正常的教育秩序。

6. 参加“家长辅导员”活动

有的学校会邀请一些家长担任班级校外辅导员工作，这是家校沟通、家校协调教育的有益尝试。如果家长有能力担当这一工作，应该克服困难，发挥自己的优势，为架设家校和谐教育之桥出一把力。

关键词 家校沟通

孩子，让我们一起来帮助你

成绩优秀、关心同学、乐于助人、工作认真——这些词语，用在裴雯雯身上一点都不为过。她连年被评为“品学兼优好学生”“优秀班长”，在同学中威信也很高，是老师的得力助手。

可三年级下学期开学不久，雯雯对班级工作就不那么积极了。她告诉父母：现在功课多了，怕影响学习，准备辞去班长职务。对此，妈妈赞成，爸爸极力反对。

两位家长与班主任多次碰头，交换看法，最后达成共识：雯雯的知识基础好、学习习惯好、活动能力强，班级工作并没有影响她的学习。三年级学习任务加重，只会促使她提高学习和工作的效率，她生怕学习退步是多余的，没有必要辞职。当务之急是做好雯雯的工作。家长和老师根据雯雯求上进、自尊心强的特点，反复商讨教育方法，分头和风细雨地

与她促膝谈心，肯定她的成绩，分析她的想法，提出希望和建议。

雯雯在父母的肯定、老师的期待下不仅没有“辞职”，而且在班级工作和学习上变得更加出色了。

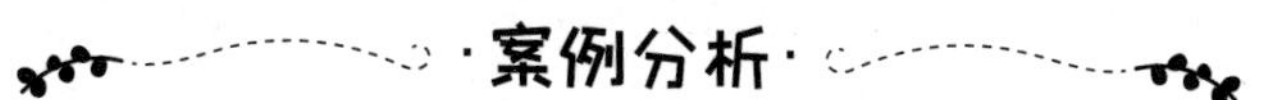

·案例分析·

长跑中名列前茅的选手心理压力大，领跑者的压力更大。学习和长跑类似，成绩优秀的学生的心理压力往往比成绩一般的学生的更大。案例中的雯雯作为“学习标杆”，面临学习和活动、职务之间的冲突。集中精力学习吧，对职务割舍不下；继续当班长吧，又怕影响学习。患得患失，纠结不已。幸而父母、老师都意识到了她的心理变化，及时沟通，分头进行心理疏导，帮助雯雯摆脱迷茫，挖掘潜力，兼顾学习和工作，在成长道路上迈出了一大步。

有位爸爸说：“家长、孩子与老师的关系，犹如一种两人三脚的竞走。做父母亲的，如果不懂得与家校沟通合作的要领，那么你的孩子很可能会失掉许多进步的机会。”的确，那些热心与老师们沟通合作的家长，其子女也格外喜欢学校、热爱学习。但一些家长在如何和老师进行沟通方面有些困惑，优等生家长不知与老师交流些什么，“后进生”家长不好意思与老师交流。其实，教师对所有学生是一视同仁的，不论孩子成绩如何，都一样受到老师的关心，也都需要家校的合力帮助。

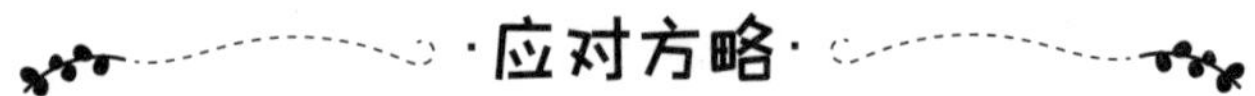

应对方略

一、什么时候需要和老师沟通？

除了经常跟老师保持信息交流以外，当家长发现自己的孩子出现以下情况时，就需要主动跟老师谈谈了。

1. 当孩子有想法时

孩子对老师或者班里的事情有看法，而又不敢向老师或同学说时，家长应能捕捉孩子的想法，及时与老师沟通，让老师也知道孩子的内心活动。

2. 当孩子遇到矛盾时

孩子与某个同学的友谊产生裂痕，对是否参加某项比赛犹豫不决，对班级事务的处理跟同学发生分歧，交给自己的任务与自己的意愿不符……此时孩子会产生矛盾心理。家长要及时与孩子沟通，而且不论是否已帮助孩子解决了问题，也都要告诉老师。

3. 当家庭发生重大变化时

家庭成员增加或减少、夫妻婚姻解体等事件，对孩子的成长有直接影响。家长应及时告知班主任，以便老师了解学生情绪和学习变化的原因，给予疏导和帮助。

二、怎样与教师沟通？

1. 了解老师处理问题的方式

家长与老师都是孩子成长路上的重要引导者，两者的目的是一致的，关系是平等的，与其说谁配合谁，不如说“互相配合”。不只是老师要了解学生和家长的个性，家长也要知道老师的个性和处事方式，这可以使沟通更融洽。

2. 信任、尊重老师

在孩子成绩不佳、畏难自卑时，人际交往受挫、感到苦恼时，犯了错误、受到批评时，家长首先要做到的就是信任老师，相信老师反映的情况是真实的，老师处理问题的出发点是正确的。如果家长有不同意见，可以把真实想法与老师沟通，共同寻觅最佳解决方案。如果家长首先就怀疑老师反映的情况的真实性，否定老师对问题处理的方式，沟通就会受阻。

孩子做错了事，家长和老师可能在处理方式上发生分歧，这是因为有时家长站在自己孩子的立场上，多存袒护之心；而大部分老师站在教育工作者的立场上，秉公处理。双方看事物的角度不同、想事情的方向不同，所以处理方式也往往不同。家长有不同意见，可以跟老师坦诚交谈、提出建议，但不要站在老师的对立面横加指责，更不能到学校吵闹，用命令语气跟老师讲话。

家长尊重老师，表现为：肯定老师的辛苦和付出，以平等的心态去面对老师，关心、体谅老师。

3. 选择合适的沟通时机

家长要了解教师工作的节奏，选择适当时机与老师交谈。假如不确定打电话的时间是否合适，短信是个折中的方案，或者通过 E-mail 的形式来联系。

放寒暑假之前和开家长会前老师很忙碌，家长会散会后被许多家长围着，老师难有充分的时间与个别家长深入交谈。家长不妨在家长会后一周内与老师预约面谈时间，这样双方可以进行充分的交流。

4. 与老师分享教育的喜悦

专家认为“在家庭与学校的配合方面家长应该主动一些，应该多向学校靠拢，多向老师请教，多与老师分享。”家长与班主任保持密切的联系，双方经常交流，内容不仅是孩子有什么缺点，犯了什么错误，更多的是孩子的点滴进步，品尝家校共育的甜头。

每个孩子的成长，都是家长、老师共同配合，付出心力的结果。家校双方融洽沟通，信任合作，一定可以造就孩子健康美好的未来。

关键词 合力纠错

当孩子受到老师批评时

·案例·

小龙受父母溺爱，养成了说不得、管不得的脾气，进了小学后就在同学中称王称霸。一次，小龙让一个男同学帮自己抄作业，这位同学不干，他就把那位同学打了一顿。为此，班主任批评了小龙。小龙母亲知道后，非但不批评小龙，还到学校指责、辱骂班主任，要老师向儿子道歉。她的庇护让小龙更加为所欲为，不良习气越来越严重，祸越闯越大。此时其父母才想到要管束儿子，但小龙对着父母大叫："不要你们管！"

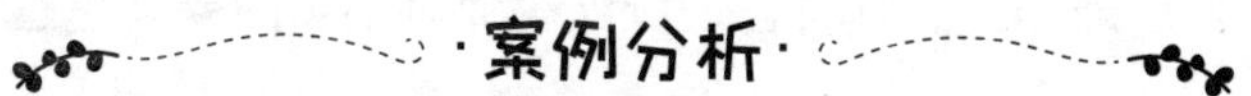

·案例分析·

小龙成为一个骄横、不认错的孩子，不得不说正是由父母一味地溺爱造成的。

因为溺爱，家长不能正确认识和对待孩子，把孩子看成是没有缺点的“一朵花”，甚至把缺点误认为是优点。孩子在学校里犯错误受到老师批评，这是再正常不过的事。但有些父母缺乏冷静与理性，毫无原则地偏袒包庇孩子，不能配合学校形成教育合力。错误的家庭教育抵消或压倒了正确的学校教育，使孩子不能正确认识自己和社会，助长了孩子妄自尊大、为所欲为、听不进批评意见等不良个性，而且难以改变。

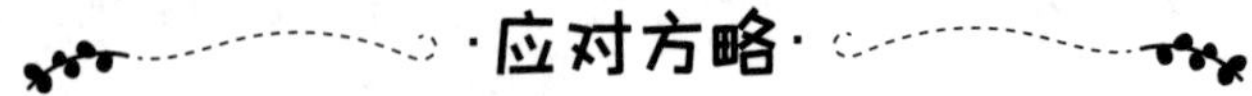

·应对方略·

一、正确认识教师对孩子的批评

1. 教师的批评是对孩子的关爱

尊重、关爱学生是教师职业的要求。事实上，很多老师都是把学生当作自己的孩子去爱的，他们几乎把全部的心思、精力和时间都奉献给了学生，而往往顾不上自己的子女。与亲子之爱相比，师生之间并无血缘关系，没有哪位老师指望学生日后赡养、照顾自己，所以教师对学生的爱是超越父母之爱的“大爱”。老师爱学生，才会批评他，希望他改正缺点错误，健康成长。教师的批评蕴含着爱，绝对是善意的，家长应该相信这个“基本点”。

2. 教师的批评是对孩子负责

每一位家长都希望老师能对自己的孩子负责。如果孩子犯了错误，老师视而不见、充耳不闻，家长绝对会说这位老师不负责任。

教师职业道德要求老师对学生出现的问题应及时解决或反映。一个负责的老师，在学生有了缺点或错误时，一定会根据实际情况，采取恰当的方式，对学生进行批评。恰当的激励给孩子鼓舞，恰当的批评也会促使孩子进步。放弃批评、不敢惩罚，是教师不负责任的表现，那只会扭曲孩子对事物的正确认识，不利于孩子的成长。而且，只有负责任的教师才会细致观察，及时发现学生的缺点，并予以指出和帮助。孩子有这样的老师，家长应该感到幸运和高兴，更应给予支持配合。

3. 批评是一种必要的教育

现代教育方式虽然强调多赞赏、多鼓励，正面引导孩子，但批评教育是不可少的，表扬和批评相辅相成、缺一不可。如果孩子犯了错，家长有意、无意地忽略或原谅，不了了之，就可能导致孩子一而再再而三地犯错误。

一个人的成长是一个社会化的过程，必然要受到外界的制约；一个人又不可能没有缺点、不犯错误，被批评在所难免。人的一生中，受批评本是寻常事，上学时学习马虎、品行不佳，可能受老师批评；工作后不敬业、不守时，可能受到领导和同事的批评；在公共场所不讲文明，会受到周边人们的批评；在家中也会受到其他家庭成员的批评。假如孩子受不了一点批评，经不住任何挫折，一个脆弱的心灵是难以应对多变社会的挑战的。假如家长听不得别人对自己孩子的批评，不允许老师对自家孩子进行批评，那是害孩子，就像小龙的父母。

二、对老师的批评教育要理解和配合

1. 维护教师的威信

家长应维护老师的威信和尊严，确保老师对孩子的教育影响力。即使老师批评孩子时可能不太注意方式，比如语气太重，或者当着同学和其他老师的面批评孩子，使孩子自尊心受到伤害，父母也切不可被孩子的情绪所左右，当着孩子的面说老师不好，这样只会强化孩子的不满情绪。如果父母淡化老师的批评方式，强化老师批评的内容和目的，孩子从情感上就会转变对老师的态度。事后，家长可以单独同老师沟通，委婉表达自己的想法。

2. 全面了解孩子

父母能看见的是孩子在家中的表现，孩子在学校的情况，还是老师最清楚。在宠爱的眼光下，家长很难意识到孩子的缺点和弱点；教师却是以公平的眼光观察所有学生，孩子的缺点和问题最容易被老师发现。父母想全面客观地了解孩子，就要听取老师的意见和建议。

班主任反映孩子做错了事，家长除了听取班主任的意见，还可以通过其他老师、同学了解情况，不能仅听自己孩子的辩解。如果老师反映的情况属实，家长应当感谢，并积极支持、配合老师对孩子进行教育；如果老师批评错了，家长也应理性对待，并及时与老师沟通，澄清真相。

3. 采用恰当的教育方法

从老师那里了解到孩子的问题后，家长应用和善的口气询问孩子的想法，帮助他寻找犯错的原因，切实改错。切忌和老师联系后马上对孩子又打又骂，这样会引起孩子对家长、老师的反感，即使当时认错了，也只是表面屈服，并非心服口服。而且，这种做法也让老师很尴尬。

要教育好孩子需要家校多联系，交流孩子在学校和家里的各种表现，针对孩子的不足，家校联手形成合力，采取有效教育措施，帮助孩子纠正错误，健康成长。

关键词 教师的威信

维护教师的美好形象

·案例·

因为父母工作繁忙，小悦由爷爷奶奶照料生活学习。奶奶非常重视对第三代的教育，对老师们的工作很是配合。她每天仔细查看小孙女抄写的“回家要求”，需要家长配合的工作就实实在在地完成。奶奶认为，孩子把老师的话当“圣旨”，说明老师在孩子心目中有威信，这有利于孩子接受老师的教育和帮助，改正缺点，健康成长。

一年级下学期，小悦变得爱哭了，遇到一点小事就哭，有时一天要哭好几次。学期结束时，班主任老师在评语中向她提出了希望，希望小悦在平时遇到困难、挫折、委屈时不要掉“金豆子”，并指出真正的“金子”是“勇敢”。奶奶看了这段评语后，启发小悦理解老师的用意。小悦当时就说“以后不哭了”，还在“学生的话”中写了“我以后不掉‘金豆子’

了，遇到困难，尽量自己想办法解决”。

上了二年级，小悦果真不哭了。老师的话是圣旨，效果多好啊！

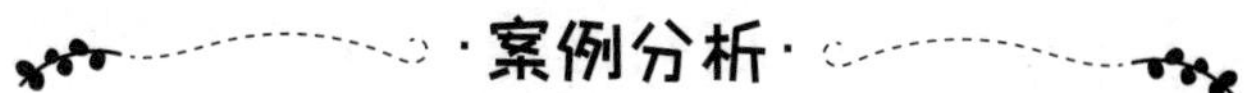

案例分析

小悦有个好奶奶。这位老人在照料孙女的学习生活时，重视对老师权威性的维护，所以，比较情绪化的小悦能正确理解老师对她的希望与关爱，不断地进步。

人们对自己特别佩服的人，无论他说的话，还是做的事，总会心服口服，孩子们尤其如此。要让孩子乐意接受老师的批评教育，最重要的就是要让他对老师感到信任甚至崇拜。因此，在孩子面前，家长一定要注意树立和维护老师的威信。如果家长常在孩子面前提老师的不是，孩子心里就会留下“这个老师不好”的印象，可能就会不好好上这个老师的课，不接受老师的批评教育。

老师虽然也是普通人，不是真理的化身，说话做事难免有不妥之处，但却是孩子最尊敬、最崇拜的人，老师的形象在他们心中是最完美的。孩子听老师的话，模仿老师的言行，这是孩子顺利接受学校正规教育的心理基础。老师在孩子心目中是否享有威信，享有多高的威信，在很大程度上决定着孩子接受老师正确教导的程度，甚至影响孩子成长的方向。

教师的威信不仅取决于自身的综合素质，也受家长对老师的态度和评价的影响。

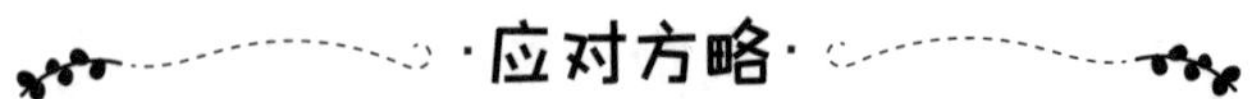

应对方略

家长和教师配合默契，可以形成教育的合力，教育效果会是“一加一大于二”，配合不好，教育效果将是“一加一小于二”。在维护教师威信方面，家长应注意以下几点：

一、信任老师和学校

家长要信任老师，相信老师爱每一个孩子，会以高度的责任感教育全体学生。指责老师偏心、不公平的，多是蛮横的、溺爱孩子的家长。指责的结果，是使孩子更加有恃无恐，沿着错误道路越走越远。假如家长怀疑教师的水平，在孩子的面前不适当地加以评论，孩子就不相信老师讲授的知识内容和做人道理。

家长要信任学校，相信学校会对每一个孩子负责。如果家长对外散播不利于学校的言论，或要求校方给孩子调班或更换老师，会损害老师在孩子心目中的形象，结果将是孩子对老师榜样作用的抵触、对教育行为的排斥。

不信任是破坏家校合作的不安定因素。最终受害的，还是孩子和家长。

二、配合老师做工作

老师对孩子的教育是需要家长配合的。家长应经常关心孩子的情绪和行为，了解他的内心活动，配合教师及时纠正孩子的不良习惯与毛病，促其成为身体健康、心理健康的人。平日里要注意督查孩子做作业，让孩子养成自觉学习的习惯。如果发现任课教师在某方面存在一些问题，可以用适当的途径和方式及时反馈给老师，提出改进教育、教学的建议。如果不好直接与老师说，可以通过班主任或教导主任进行转达。同时，家长要了解学校的规章制度、作息时间、孩子的课程表，了解学校的阶段性活动安排。对于学校活动安排，家长要支持孩子参加，切不可学校要组织孩子参加社会实践活动，家长不答应，这样孩子就会不知所措。发生这种情况的次数一多，教师的威信就会逐步降低，最后就别想孩子能尊重教师、接受教师的正确教导了。

三、对孩子不护短

家长对学校、老师要有积极正确的态度。对孩子不能护短，应正视其短处，与老师一起共同加强对孩子的引导和教育，促使孩子尽快向好的方面转化。家长切不可跟学校、老师唱反调。学校提倡的，家长反对；老师批评的，家长说没关系——结果只会是降低了老师的威信，错失教育的良机。

对于老师请家长来校面谈，家长要有正确的心态。有些家长认为被老师请到学校，既浪费时间又丢脸，觉得老师喜欢小题大做，这样的抵触情绪会导致家庭教育和学校教育分离或相悖，大大削弱教育效果。其实，老师找家长面谈，对家长来说也是很好的机会。家长可以当面跟老师说说自己的想法，争取老师的理解与支持，形成家校共育的合力。